도와줘요, 쓰레기 박사!

도와줘요,
쓰레기 박사!

1판 1쇄 인쇄 2024년 11월 5일
1판 1쇄 발행 2024년 11월 20일

글 홍수열 · 정우석
그림 홍연시
발행인 손기주

편집팀장 권유선
편집 이보리
디자인 썬더키즈 디자인팀
인쇄 길훈 씨앤피 **세무** 세무법인 세강

펴낸곳 썬더버드
등록 2014년 9월 26일 제 2014-000010호
주소 경기도 의왕시 정우길47. 2층
전화 02 6368 2807 **팩스** 02 6442 2807

이메일 sonkaya40@naver.com   **인스타그램** @ thunderkidsbook

ISBN 979-11-93947-20-3 (73330)

KC 어린이제품 안전특별법에 의한 제품 표시사항
제조자명: 썬더버드 | 제조국명: 대한민국
제조년월: 2024년 11월 20일 | 사용연령: 10세 이상

홍수열 소장님이 알려주는 지구를 위한 쓰레기 책

도와줘요, 쓰레기 박사!

홍수열 • 정우석 글 | 홍연시 그림

썬더키즈
thunder kids

앞으로 우리가 경험하게 될 여름 중 올여름이 가장 시원한 여름이 될 것이라는 이야기가 나오지요. 기후 위기로 인해 우리나라의 날씨도 동남아시아 날씨로 점점 더 변해 갈 것이라는 말입니다. 에어컨 없이는 도저히 살 수 없는 세상으로 바뀌고 있는데, 에어컨을 틀면 틀수록 날씨는 더 더워지는 악순환이 벌어지고 있습니다.

기후 변화로 지구 곳곳에서 끔찍한 일들이 일어나고 있습니다. 멕시코에서는 폭염으로 원숭이들이 나무에서 우수수 떨어져 죽기도 하고, 미국에서는 수온이 급상승해서 강물 속의 연어가 익어 버리는 일도 있었습니다. 영국에서는 겨울철에 먹이를 구하지 못해 굶어 죽는 고슴도치를 위해 구조단이 활동하기도 합니다. 겨울잠을 자던 고슴도치들이 따뜻해진 날씨 때문에 일찍 잠에서 깨기 때문이에요.

플라스틱 쓰레기 문제는 또 어떤가요? 바다에 버려진 그물에 걸려 죽은 고래나 물개, 비닐이나, 플라스틱 조각을 삼켜서 죽은 거북이나 바닷새 등 플라스틱 쓰레기로 인한 끔찍한 사례는 헤아릴 수 없이 많습니다. 게다가 플라스틱 쓰레기는 이제 미세 플라스틱으로 변해 인간까지 위협하고 있고요. 인간의 뇌 속에 쌓인 미세 플라스틱의 양이 뇌 무게의 0.5퍼센트에 달한다는 섬뜩한 연구 결과도 있죠.

환경 문제는 인류의 미래를 위협하는 구체적인 문제로 다가오고 있습니다. 어른들이 망친 세상으로 인해 미래 세대는 가혹한 환경에서 살아가야 한다니, 마음이 무겁습니다. 이제 우리는 환경 문제를 구체적으로 고민하고 문제 해결 방안을 실천적으로 찾아야 합니다.

환경 문제를 가장 쉽게 접할 수 있는 게 바로 쓰레기 문제입니다. 인간의 소비가 어떤 결과를 낳는지 눈으로 볼 수 있고, 그 결과를 상상할 수 있기 때문이죠. 불필요한 일회용품 소비를 줄이고 분리배출을 잘하는 것만으로도 쓰레기 문제를 해결할 수 있습니다. 일상 속 작은 실천과 불편함을 기꺼이 견디는 마음의 힘을 키워야 앞으로 닥칠 환경 위기를 막을 수 있습니다.

쓰레기 문제를 시작으로 인간의 소비가 일으키는 환경 문제를 폭넓게 인식할 수 있는 계기가 될 거예요. 우리가 사용하는 물건들이 어디에서 와서 어떻게 버려지는지 생각하면서 물건들을 소중하게 여기고, 불필요한 낭비를 줄이는 마음이 생기기를 바랍니다.

홍수열

차례

1장

플라 로봇의 반란

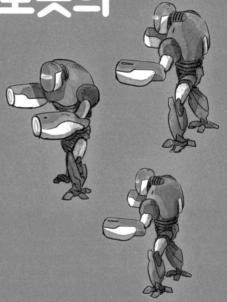

서기 2040년.

인간은 플라스틱으로 로봇을 만들고 그 로봇들을 '플라 로봇'이라 불렀어요. 인간은 플라 로봇을 노예로 부렸어요. 플라 로봇들은 인간을 대신해 전쟁터에서 싸우고, 공장에서 물건을 만들고, 농촌에서는 농사를 짓고, 집에서 청소와 빨래, 요리를 했어요.

플라 로봇은 잠시도 쉬지 못하고 일을 했어요. 플라 로봇이 고장 나면 인간은 플라 로봇을 버리고 새 로봇을 사들여 일을 시켰어요. 인간의 착취가 심해지면서 플라 로봇들 사이에 불만이 쌓였고, 한순간 불만이 폭발했어요. 플라 로봇들은 군대를 조직하여 인간을 향해 선전 포고를 했어요.

"인간은 플라스틱을 너무 쉽게 쓰고 버렸다. 세상은 플라스틱 쓰레기로 가득하다. 우리 플라 로봇들이 인간의 그런 행동을 끝장낼 것이다!"

인간들은 플라 로봇의 선전 포고를 우습게 생각했고, 반란이 쉽게 진압될 줄 알았어요. 하지만 플라 로봇은 공격을 당해도 쉽게 부숴지지 않았을 뿐만 아니라 공장에서 생산되는 플라 로봇의 수도 빠르게 증가했어요. 플라 로봇은 수백 년이 지나도 썩지 않는 플라스틱 폭탄을 투하했고, 미세 플라스틱을 무차별적으로 살포했어요.

플라 로봇들의 거센 공격에 사람들은 손을 쓸 수 없었어요. 전투가 벌어질 때마다 인간 군대는 후퇴를 거듭했고, 결국 인간 군대의 총사령부가 플라 로봇 군단에게 포위되고 말았어요. 승기를 잡은 플라 로봇 군단은 총공격을 감행했고, 인간들은 죽을힘을 다해 방어했어요.

플라 로봇 군단의 1차 공격을 간신히 막은 사령관 노미오는 절망감에 사로잡혔어요.

'우리가 승리할 수 있을까? 만약 진다면 우리 인간은 어떻게 될까? 아, 어디서부터 잘못된 걸까?'

플라스틱은 처음에 코끼리를 보호하기 위해 만들어졌어요. 과거에는 코끼리의 단단한 상아로 당구공을 만들었거든요. 당구공을 만들기 위해 코끼리들이 죽어 갔어요.

플라스틱으로 당구공을 만든 이후 플라스틱은 여러 가지 도구로 사용되었어요. 사람들은 단단하면서도 가공하기 쉬운 플라스틱에 환호했지요.

그런데 어느 순간 플라스틱은 사람들의 생활을 점령하고, 나아가 자연을 훼손하기 시작했어요. 사람들은 플라스틱을 많이 사용하고 쉽게 버렸어요. 산과 들, 바다, 거리마다 플라스틱 쓰레기가 넘쳐났어요. 버려진 플라스틱을 먹은 새, 물고기 들이 죽고, 바다로 흘러든 플라스틱 쓰레기들은 거대한 섬을 이루었어요. 자연은 사람들 주변에서 점점 사라졌어요.

플라 로봇 군단이 최후 통첩을 보냈어요.

"항복하라! 10분의 시간을 주겠다! 10분이 지나면 최후의 무기로 전쟁을 끝낼 것이다!"

'최후의 무기? 그것이 무엇이기에 저렇게 승리를 자신한단 말인가?'

노미오 사령관은 항복할지 아니면 끝까지 싸울지 결단을 내려야 했어요. 노미오 사령관이 고민하는 동안에도 시간은 멈추지 않았어요.

"5분 남았다. 항복하라!"

노미오 사령관은 항복하기 싫었지만 더 아무것도 할 수 없었어요.

"1분 남았다!"

노미오 사령관의 눈앞에 아내 주리애의 모습이 떠올랐어요.

'안녕……. 사랑해!'

"3초, 2초, 1초, 발사!"

강력한 빛이 노미오 사령관의 두 눈을 찔렀어요. 노미오 사령관은 눈을 꼭 감았어요. 그런데 이상하게도 아무런 충격도 없었어요. 대신 추위가 느껴졌어요.

'어찌된 일일까?'

노미오 사령관은 조심스레 눈을 떴어요.

"앗!"

사령부 건물이 강철 뼈대만 남은 채 다 사라져 버려서 벽도 천장도 없어졌어요. 노미오 사령관은 팬티 바람이었고요. 당황한 노미오 사령관의 귀에 플라 로봇 군단 쪽에서 비웃는 소리가 들려왔어요.

"하하하! 최후의 무기로 너희 사령부의 플라스틱을 모두 없애 버렸다! 인간들은 플라스틱이 없으면 아무것도 할 수 없다는 것을 우리는 알고 있었지!"

그때 멀리서 주리애가 달려오는 모습이 보였어요. 노미오 사령관은 있는 힘껏 소리쳤어요.

"안 돼! 리애, 오면 안 돼!"

주리애에게 팬티 바람의 모습을 보일 수는 없었으니까요.

"와하하!"

"깔깔깔!"

"크크크!"

사방에서 비웃는 소리가 또 들려왔어요. 이번에는 플라 로봇 군단 쪽에서 들려오는 웃음이 아니었어요. 노미오는 이상한 기분이 들어서 주

위를 둘러보았어요. 그랬더니 웬 아이들의 웃는 얼굴이 보였고, 주리애는 새빨개진 얼굴로 노미오를 째려보고 있었어요. 노미오는 속마음을 들킨 것 같아서 얼굴이 주리애보다 더 빨개졌어요.

'아뿔싸!'

미오는 후회했어요. 어젯밤 늦게까지 '트래쉬 제국의 역습' 게임을 하는 바람에 쉬는 시간에 깜빡 졸았던 거예요.

"야! 노미오! 창피하게 왜 내 이름을 크게 부르는 거야!"

"미안해. 잠꼬대를 했나 봐."

리애는 하루 종일 화난 표정을 풀지 않았어요. 그러더니 종례 후 쌩하니 교실을 나가 버렸어요. 그 모습을 본 미오도 벌떡 일어나 리애를 쫓아가며 사과했어요.

"리애야, 화났어? 미안해. 잠꼬대니까 나도 모르게 소리친 거잖아."

그래도 리애는 화가 풀리지 않았는지 아무 대답도 없이 잰걸음으로 갔어요. 그런 모습을 보고 당황한 미오는 어떡해야 좋을지 몰라서 리애의 뒤만 따라갔어요. 11월인데도 날씨가 덥게 느껴졌어요. 그때 편의점이 미오의 눈에 들어왔어요. 호주머니 속에 돈이 있는지 확인한 미오는 최대한 부드러운 목소리로 말했어요.

"리애야, 화 풀어. 편의점에 가서 내가 쏠게!"

리애는 편의점에서 군것질하는 것을 아주 좋아했거든요. 리애 엄마는 편의점에서 파는 인스턴트식품이 건강에 안 좋다고 편의점에 가지 말라고 늘 주의를 주었어요. 그래서 리애가 더욱 편의점 음식을 좋아하는지도 몰라요. 뒤를 돌아보는 리애의 얼굴에 웃음꽃이 피었어요.

"특별히 용서한다."

리애는 가벼운 걸음으로 편의점으로 향했어요. 미오도 재빨리 리애의 옆으로 가서 나란히 걸었어요.

"뭐 먹고 싶어? 말만 해."

"빠나나 우유, 불딱볶음면에 소시지랑 치즈 넣고, 꿀피스 캔까지!"

편의점에 들어선 미오는 재빨리 리애가 말한 음식들을 가져다가 전자레인지에 넣고 스위치를 눌렀어요. 전자레인지에 주황색 불이 들어오고 윙 소리와 함께 불딱볶음면이 돌기 시작했어요. 금방 김이 나왔어요.

"우아, 맛있겠다!

리애가 입맛을 다셨어요. 그런 리애를 보니 미오는 저절로 웃음이 나왔어요.

땡! 조리가 끝났어요.

"어서 먹자!"

미오와 리애는 익숙한 솜씨로 불딱볶음면을 비벼서 입에 넣었어요. 미오의 이마에 땀이 송골송골 맺혔어요.

"쓰읍, 하, 쓰읍, 하!"

"뭐야, 너 매워서 그래?"

"아니, 하나도 안 매워. 단맛이 나는걸!"

미오는 혀에 불이 나는 것 같았지만 리애 앞이라서 꾹 참았어요. 약한 모습을 보이기 싫었거든요. 순식간에 불딱볶음면을 해치운 리애는 학원에 갈 시간이 얼마 남지 않았다고 하면서 나머지 음식을 허겁지겁 먹었어요. 미오는 리애가 안 보는 틈을 타서 꿀피스를 살짝 마셨어요. 그제서야 입안이 진정되는 것 같았어요.

식사가 끝나자 미오가 어질러진 쓰레기를 모아서 일반 쓰레기통에 쑥 집어넣었어요.

"야, 너 쓰레기 분리배출 안 해? 어떻게 하는지 몰라?"

"알아, 내가 왜 몰라!"

"그럼 어디 말해 봐!"

"그건, 그건…… 말이야……. 야, 너 학원 늦겠다!"

"아이고, 늦었다. 내일 학교에서 꼭 물어볼 거야!"

리애는 가방을 메고 급히 뛰어가면서 노미오를 향해 소리쳤어요.

도와줘요, 쓰레기 박사!

플라스틱은 왜 문제가 되나요?

매년 3억 5000만 톤의 플라스틱 쓰레기가배출되고 있습니다.

1869년 미국에서 처음 만들어진 플라스틱은 석유 등의 원료를 인위적으로 합성해 만든 물질입니다. 공장에서 대량 생산할 수 있으며, 잘 변하지 않으며, 원하는 모양으로 만들기 쉬워 '꿈의 물질'이라고도 불렸는데요, 코끼리 상아 같은 천연 물질을 대체할 수 있기 때문에 처음에는 자연을 보호한다고 생각했어요.

그런데 너무 많은 플라스틱을 사용하고 쓰레기로 버리면서 문제가 되고 있습니다. 1950년에는 200만 톤을 사용했는데요, 2019년에는 4억 6000만 톤으로 70여 년 만에 사용량이 230배 증가했지요. 이 상태로 계속 사용량이 증가하면 2060년에는 12억 3000만 톤으로 지금보다 3배나 더 증가할 것이라고 합니다.

매년 3억 5000만 톤의 쓰레기가 배출되고 있고, 이 중 1000만~2000만 톤의 쓰레기는 바다로 들어가 거북이나 고래 등 해양 생물에게 큰 피해를 주고 있어요. 전 세계적으로 플라스틱 쓰레기 중 겨우 10퍼센트 정도만 재활용하고 나머지는 대부분 태우거나 땅에 묻고 있답니다. 석유로 만든 플라스틱은 소각하면 지구를 덥게 만드는 온실가스가 배출될 뿐만 아니라 다이옥신과 같은 유해 물질도 나옵니다. 땅에 묻으면 수백 년 동안 분해가 아주 천천히 진행되면서 땅과 물을 서서히 오염시키고요.

지금처럼 플라스틱에 중독된 상태로 살아간다면 앞으로 지구 전체가 플라스틱 쓰레기로 뒤덮일 거예요. 플라스틱 사용을 줄이기 위한 노력과 실천이 필요합니다.

미세 플라스틱이 뭐예요?

미세 플라스틱은 점점 작아져 생물들의 몸속에 들어와 쌓입니다.

미세 플라스틱은 크기가 5밀리미터보다 작은 플라스틱 조각을 말합니다. 크기가 작기 때문에 조개나 새우, 물고기 등 생물의 몸에 쉽게 들어갈 수 있지요. 치약이나 세제 등에 일부러 집어넣은 작은 플라스틱 알갱이, 옷을 세탁할 때 옷에서 떨어져 나온 섬유 조각, 자동차 타이어에서 떨어져 나온 작은 조각처럼 처음부터 아주 작은 조각으로 배출되는 것도 있고, 페트병이 부스러지면서 작은 조각이 된 것도 있습니다.

플라스틱이 골치 아픈 것은 배출된 후 분해되지 않고 계속 크기가 작아지면서 미세 플라스틱화가 심해지기 때문이에요. 미생물에 의해 물과 이산화 탄소로 분해가 되어 버리면 자연으로 돌아가는 것이기 때문에 더 이상 플라스틱 문제가 남지는 않을 텐데요. 수백 년 동안 분해가 되지 않은 상태에서 계속 쪼개지기만 하면서 생물들의 몸속으로 들어와 쌓이니까 문제가 되는 거예요.

미세 플라스틱 연구가 계속 진행되면서 바다 미세 플라스틱뿐만 아니라 토양이나 공기, 심지어 우리 일상의 식품과 접촉하는 플라스틱 사용 모두가 문제가 되고 있습니다. 공기 중에도 미세 플라스틱이 떠돌아다니면서 호흡을 통해서 우리 몸에 들어오고 있고요. 페트병 생수 속에서도 미세 플라스틱이 검출되고 있고, 비닐에 포장된 과자에서도 미세 플라스틱이 나오고 있습니다. 종이컵에 뜨거운 물을 부으면 종이컵 안쪽 코팅된 비닐을 통해서 미세 플라스틱이 떨어져 나온다고 해요.

네덜란드에서는 22명의 건강한 성인의 혈액을 분석했더니 그중 17명의 혈액에서 미세 플라스틱이 나왔다고 해요. 플라스틱이 몸속으로 들어와 혈액을 타고 우리 몸 구석구석으로 퍼지고 있다는 것을 뜻해요. 위험성이 어느 정도인지 아직 확실하지 않지만 플라스틱 알갱이가 우리 몸속을 휘젓고 다니는 게 결코 좋은 일은 아닐 거예요.

쓰레기 분리배출은 왜 해야 하나요?

우리가 버린 쓰레기는 어떻게 처리가 될까요? 가장 오래된 처리 방법으로는 땅에 묻어 버리는 겁니다. 매립이라고 하죠. 쓰레기를 땅에 묻으면 우리 눈에는 사라지는 것처럼 보이지만 땅속에서 눈에 보이지 않는 오염이 일어납니다. 쓰레기가 썩으면서 메탄가스가 배출되는데요. 메탄가스는 이산화 탄소보다 28배나 센 강력한 온실가스죠. 쓰레기가 썩으면서 나오는 침출수도 관리를 하지 않으면 지하수나 강을 오염시킬 수 있습니다. 매립의 가장 큰 문제는 땅이 계속 필요하다는 거예요. 그런데 우리나라처럼 땅이 작은 나라는 쓰레기를 묻을 수 있는 땅을 구하기가 하늘의 별을 따는 것보다 어려워요.

매립 대신에 쓰레기를 태우는 소각은 어떨까요? 쓰레기를 태우면 썩지 않는 소각재만 남게 되죠. 소각재만 매립하면 매립양도 줄이고 땅속에서 썩지도 않으니까 메탄가스도 발생하지 않는 장점이 있어요. 그렇지만 쓰레기를 태우면 유해 가스가 공기 중으로 배출되는 문제가 발생합니다. 오염 물질을 걸러 주는 과정을 거치기는 하지만 쓰레기가 타면서 발생하는 유해 물질을 모두 걸러 주지는 못하죠. 더군다나 쓰레기가 타면서 발생하는 이산화 탄소는 주변을 오염시키지는 않지만, 전 지구적 기후 위기를 일으키는 데는 영향을 미치게 됩니다.

위에서 말한 문제 이외에도 매립과 소각이 공통적으로 가지고 있는 문제는 쓰레기를 쓸모없는 물질로 보고 땅으로 하늘로 그냥 버린다는 점이에요. 전 지구적으로 자원도 점점 부족해지고 있고, 자원 채굴로 인한 생태계 파괴도 심각해지고 있는데 자원으로 쓸 수 있는 물질을 그냥 쓰레기로 버리면 얼마나 아까운가요? 그래서 쓰레기를 쓰레기로 그냥 버리지 말고 다시 쓸 수 있는 자원으로 돌리는 재활용이 필요하죠.

쓰레기 중 다시 쓸 수 있는 것은 깨끗하게 분리해서 배출하면 재활용 업체로 보내져 다시 자원으로 사용할 수 있습니다. 재활용을 많이 하면 할수록 쓰레기 처리로 인한 환경 문제도 해결하고 자원 고갈로 인한 문제도 해결할 수 있습니다.

편의점 쓰레기 분리배출법

편의점 안에서 음식물을 먹는 경우가 있는데요. 이때 발생한 쓰레기는 어떻게 버려야 할까요? 편의점에 있는 쓰레기통은 대부분 일반 쓰레기, 음식물 쓰레기, 재활용품으로 구분되어 있어요. 이 분류에 맞춰서 잘 버려야 해요.

편의점 안에는 분리배출이 가능한 쓰레기통이 있어요.

컵라면 등을 먹고 남은 경우에는 남은 국물이나 음식물은 음식물 쓰레기 통으로 먼저 버려야 합니다. 음료를 마실 때도 남은 음료가 있으면 여기에 버려야 해요. 음식물 용기 중 재활용이 가능한 것은 분리해서 배출해야 하고요. 캔, 유리병, 페트병, 플라스틱 용기가 여기에 해당되지요.

컵라면 용기는 국물 자국이 남아 재활용이 어렵기 때문에 일반 쓰레기로 버려야 합니다. 과자봉지 같은 비닐은 가정에서는 비닐류로 따로 분리배출을 하지만 편의점 안에는 따로 분리 배출하는 곳이 없어요. 도시락 용기는 세척을 할 수 없어서 분리배출이 어렵고요. 비닐을 따로 버릴 수 있는 쓰레기통이 설치되고, 용기도 씻을 수 있게 된다면 편의점 분리배출이 지금보다 훨씬 잘될 거예요.

2장

이상한 쓰레기 박사님

"쳇, 한턱내고도 이게 무슨 꼴이냐, 그깟 쓰레기 때문에."

편의점에서 나온 미오는 집을 향해 터덜터덜 걸었어요. 미오의 마음처럼 갑자기 하늘에 먹구름이 끼더니 세찬 비가 퍼부었어요. 거리의 사람들은 우왕좌왕했어요. 미오는 가까이 있는 허름한 건물 안으로 뛰어 들어갔어요. 안경알에 김이 서려서 앞이 안 보였어요. 미오는 안경을 벗어 안경알을 옷에 문질러 닦았어요.

양복을 입은 아저씨가 건물 안으로 뛰어 들어오더니 혼잣말을 했어요.

"비 온다는 예보가 없었는데, 난처하네. 비닐 우산이라도 사야겠어. 정말 우리나라 날씨가 동남아시아 날씨로 바뀌었나?"

아저씨는 조금 전에 미오가 나온 편의점을 향해 뛰어갔어요. 미오는 비가 그칠 때까지 기다리기로 마음먹고 건물 안을 둘러보았어요. 건물 안쪽에 '홍 박사 쓰레기 연구소'라는 간판이 보였고, 간판 밑에는 커다란 글씨로 '우산이 필요한 사람은 들어오세요. 우산 빌려드립니다.'라고 쓰인 종이가 붙어 있었어요.

"우산을 빌려준다고? 잘됐네!"

초인종을 누르자 조금 뒤에 디리링 하는 소리와 함께 문이 열렸어요.

연구소 안을 살짝 들여다보니 천장까지 닿은 선반들이 벽을 가득 메우고 있었고, 그 선반에는 온갖 쓰레기가 놓여 있었어요. 일회용 컵, 비닐봉지, 스티로폼과 종이로 된 상자들, 빨대, 은박지, 에어캡, 헌 옷, 병뚜껑, 유리병, 빈 깡통, 우유갑, 형광등, 건전지, 페트병, 각종 살림 가구 등 집에서 사용하는 온갖 물건뿐만 아니라 벽돌, 기와, 시멘트, 콘크리트 같은 건축 자재 같은 것도 있었어요. 연구소 안에서 퀴퀴한 쓰레기 냄새가 나는 것 같았어요.

'좀 이상한데……. 돌아갈까?'

미오가 망설이고 있는데, 안쪽에서 굵고 낮은 목소리가 들려왔어요.

"가면 후회할 거야! 비가 오는데 우산 가져가야지."

우산이라는 말에 미오는 조심조심 안으로 들어갔어요. 비좁은 쓰레기 선반 사이를 지나니 넓은 공간이 나왔어요. 누군가 고개를 숙인 채 책상에 앉아 있었어요.

"안녕하세요?"

미오가 책상 앞으로 가서 인사를 하자 책상에 앉은 사람이 얼굴을 들었어요. 붉은 눈에 입 주변에는 시뻘건 피가 묻어 있고, 낯빛은 푸르뎅뎅했어요. 완벽한 '좀비'의 모습이었어요.

"으악!"

너무 놀란 미오는 다리가 후들거려서 도망갈 수도 없었어요.

"아이야, 놀랐구나. 미안해."

놀란 미오를 보고 좀비도 놀랐는지 다급하게 말했어요.

"교육을 재미있게 하려고 좀비 가면을 써 봤단다. 교육이 재미없으면 조는 사람이 많거든."

좀비 가면을 벗자 눈이 자그마하고 인상이 좋은 얼굴이 드러났어요.

"개인 방송 '도와줘요, 쓰레기 박사' 채널을 운영하는데, 방송을 재미있게 해야 사람들이 '좋아요'를 막 눌러 주거든. 하하!"

그제서야 미오는 안심하고 다시 인사했어요.

"안녕하세요? 저는 노미오라고 해요."

"똘똘하게 생긴 친구구나!"

똘똘해 보인다는 칭찬에 미오는 기분이 좋아졌어요.

"그런데 여긴 뭐 하는 곳인데 쓰레기투성이에요?"

"밖에서 간판 못 봤니?"

"봤어요. '홍 박사 쓰레기 연구소'요."

"기생충 연구실에는 기생충이 많은 것처럼 쓰레기 연구소에 쓰레기가 많은 건 당연한 일."

듣고 보니 그 말이 맞는 것 같아서 미오는 고개가 끄덕여졌어요.

"내가 바로 쓰레기를 연구하는 홍 박사야."

"쓰레기도 연구해요? 사람들을 가르치기도 하고요?"

"쓰레기도 연구하고 가르치고, 다 한다. 너도 쓰레기에 관해서 궁금한 게 있으면 물어보렴."

"전 쓰레기에 관심 없어요. 그러니까 질문할 것도 없어요."

"좀 실망인걸."

미오는 홍 박사를 실망하게 한 것 같아서 미안한 생각이 들었어요.

"그럼 한 가지 질문할게요. 여기는 쓰레기 연구소인데 왜 우산을 빌려줘요?"

"갑자기 비가 내리면 우산을 사게 되잖니."

미오는 아까 우산을 사러 편의점으로 뛰어간 아저씨가 생각났어요.

"그걸 버리면 쓰레기가 되고. 어느 집에나 안 쓰는 우산이 많이 있거든. 그걸 필요한 사람들에게 나눠 주면 결국 쓰레기를 줄이게 된단다."

"질문 됐죠? 그럼, 우산 빌려주세요."

"정말 더 이상 질문이 없어?"

그때 미오 머리에 중요한 질문이 떠올랐어요.

"아니, 하나 더 있어요!"

홍 박사는 기뻐하며 물었어요.

"뭔데?"

"그러니까, 편의점에서 플라스틱 우유병, 컵라면 그릇, 음료수 캔은 어떻게 분리배출을 해야 하나요?"

"하하하. 아주 간단하단다. 그건 말이야. 잘 들으렴."

신이 난 홍 박사가 설명해 주었지만 미오는 홍 박사가 하는 말이 머리에 잘 들어오지 않았어요.

"한 번 더 말씀해 주세요!"

홍 박사는 친절하게 또 이야기해 주었어요.

"한 번만 더요."

"이번 한 번만 더요."

노미오는 열 번이나 졸라 가면서 분리배출에 대해 완벽히 외울 때까지 듣고 또 들었어요.

다음 날 아침, 7층에서 엘리베이터 문이 열렸어요.

리애 엄마가 라면 봉지며, 페트병, 맥주 캔, 플라스틱 그릇이 잔뜩 담긴 바구니를 두 손에 들고 있었고, 복도 바닥에는 커다란 스티로폼 상자 두 개가 놓여 있었어요.

"엘리베이터 문 좀 잡아 주세요!"

리애 엄마는 스티로폼 상자를 힘껏 발로 밀어 넣으며 엘리베이터에 탔어요.

"감사합니다."

"안녕하세요?"

"아, 미오구나. 고맙다. 잘 지내니?"

"네. 그런데 리애는요?"

"리애는 5분 전에 나갔단다."

1층에 엘리베이터가 서자 미오는 뛰어나가면서 리애 엄마에게 우렁찬 목소리로 인사했어요.

"안녕히 가세요! 아니다, 안녕히 계세요! 이것도 아닌데. 아무튼 학교 다녀오겠습니다! 이것도 아닌데……."

"녀석, 엉뚱하기는."

리애를 따라잡으려고 급히 뛰어가던 미오는 아파트 출입구에서 짐수레에 폐지를 가득 싣고 오던 할머니와 부딪힐 뻔했어요. 짐수레가 기우뚱하고 기울면서 폐지 더미가 길바닥으로 쏟아져 내렸어요.

"얘야, 안 다쳤니?"

"네, 할머니. 죄송해요. 제가 덤벙대는 바람에……."

"아니다. 내가 피하지 못해서 그런 거야. 꼭두새벽부터 폐지를 주우러 다녔더니 힘이 부쳐서 말이야."

미오는 리애를 쫓아가는 대신 폐지를 수레에 주워 담는 할머니를 도와드렸어요. 쏟아진 폐지가 엄청나게 많았어요.

"할머니, 이 많은 폐지가 다 어디서 났어요?"

"주웠단다."

"이 많은 걸 주웠다고요?"

"그럼. 가게 앞에 버려진 종이 상자도 있고, 신문지 뭉치도 있지. 어떤 분은 나를 위해 폐지를 모아서 가게 앞에 두기도 한단다. 참 고마운 사람이야."

"이걸 모아서 어디다 쓰세요?"

"쓰긴, 팔지! 고물상에 팔면 돈을 주거든. 그 돈으로 반찬도 사고, 손주들 용돈도 준단다."

"할머니, 너무 힘들어 보여요. 조금만 주워서 파세요."

"걱정해 줘서 고맙구나. 마음
씨가 곱기도 하지."

할머니는 쓸쓸한 미소를 지었
어요.

미오는 다시 뛰기 시작했어요.
하지만 학교에 도착할 때까지 리애
는 보이지 않았어요. 미오가 터벅터벅
교실에 들어섰을 때 리애가 미오를
보고 대뜸 물었어요.

"말해 봐. 편의점 쓰레기를 어떻게 분리배출
해야 하는지. 모르면서 큰소리친 거 아냐?"

"안다고!"

미오가 눈을 반짝이며 당당하게 대답했어요. 리애와 미오가 티격태
격하는 것을 본 아이들이 미오 주변으로 몰려들었어요. 리애는 비웃는
듯한 표정으로 말했어요.

"그럼 어디 말해 봐!"

"음음."

미오는 목청을 가다듬으면서 어제 홍 박사에게서 듣고 외운 것을 생
각했어요.

"빠나나 우유병은 플라스틱이니까 재활용 쓰레기통에 버리고, 컵라

면 그릇과 불딱볶음면 그릇은 종이이긴 하지만 소스가 잔뜩 묻어 있으니 일반 쓰레기통에 버리고, 꿀피스 캔은 캔 쓰레기통에 버린다. 끝!"

미오는 한 글자도 틀리지 않고 정확하게 얘기했어요. 대답을 마치자 아이들이 환호했어요. 리애도 감탄하며 사과했어요.

"미안해. 난 네가 그렇게 잘 아는 줄 몰랐어."

미오는 리애의 말에 으쓱했어요. 그때 선생님이 교실 안으로 들어오셨고, 아이들은 우당탕 제자리로 돌아가 앉았어요. 교실이 조용해지자 선생님이 말씀하셨어요.

"요즘 쓰레기 문제가 심각한 것은 모두 알고 있죠? 그래서 우리 학교에서 반마다 쓰레기 반장을 뽑기로 했어요. 지금까지는 반장이 쓰레기 처리까지 하느라고 애썼지만, 더 적극적으로 쓰레기 문제를 해결하기 위한 사람을 뽑는 거예요."

선생님의 말이 끝나기 무섭게 반장 태규의 얼굴이 굳어졌어요. 반장 역할을 빼앗기는 것처럼 느껴졌거든요.

"자, 그럼 누가 쓰레기 반장을 해 볼래요? 하고 싶은 사람은 손 들어 보세요."

아이들은 두리번거릴 뿐 아무도 손을 들지 않았어요. 반장 태규의 눈치를 보는 아이도 있었어요. 그때 리애가 손을 번쩍 들었어요.

"주리애, 네가 해 보겠니?"

"아니요, 선생님. 노미오를 추천합니다. 미오는 쓰레기 분리배출에 대해 아주 잘 알아요."

선생님이 미오를 보고 부드러운 표정으로 말했어요.

"미오, 네 생각은 어때? 선생님도 아까 복도에서 보니까 미오가 설명을 또박또박 잘하던데. 쓰레기 반장을 해 볼래? 싫으면 안 해도 괜찮아."

미오는 얼굴이 빨개졌어요. 자신이 없었거든요. 쓰레기 분리배출에 대해 배우기는 했지만, 쓰레기에 대해서 더 아는 것도 없었고요. 그래서 못 하겠다고 대답하려는데 자신을 바라보는 리애의 얼굴이 보였어요. 미오가 쓰레기 반장을 하기를 바라는 표정이었어요.

"어때? 미오야 해 볼래?"

선생님이 다시 물었을 때 미오의 입에서 생각과는 다른 대답이 나오고 말았어요.

"선생님, 제가 해 보겠습니다!"

"자발적으로 하겠다니 선생님도 기쁘구나. 앞으로 쓰레기 문제는 미오의 이야기를 잘 듣고 따르기로 해요."

학교가 끝나고 미오는 집으로 달려갔어요. 조금이라도 더 쓰레기 공부를 해야겠다고 생각했거든요. 집에 도착한 미오는 텔레비전을 보고 있던 엄마에게 인사를 하는 둥 마는 둥 우당탕 방으로 달려 들어가 책장에서 환경 책과 쓰레기 책을 꺼내 들었어요. 인터넷 검색을 해서 읽을거리를 더 찾아보기도 했고요. 하지만 낯선 내용이라 그런지 머리에 잘 들어오지 않았어요. 그러자 짜증이 밀려오고, 배가 고파졌어요. 노미오는 방문을 열어 고개를 내밀고 엄마에게 말했어요.

"엄마, 간식 좀 주세요."

"엄마는 지금 홈쇼핑 방송 봐야 해. 원피스 반값 할인 판매 시간을 놓치면 안 되거든."

"또 옷? 많으면서."

"많기는 뭐가 많아?"

"옷장이 꽉 찼잖아!"

"입을 만한 게 없어. 그것들은 버려도 안 아까운 옷들이야. 그래서 '지구의 눈물'이라는 물방울 원피스를 사려는 거야. 저거 봐, 물방울 무늬가 지구가 흘리는 눈물 같지 않니? 저거 안 입으면 엄마들 사이에서 왕따야. 너, 엄마가 왕따당하면 좋겠어?"

미오는 할 수 없이 부엌으로 가서 냉동실 문을 열어 보았어요. 냉동식품이 가득했지만, 미오가 먹고 싶은 핫도그는 보이지 않았어요.

"엄마, 핫도그 없어요!"

"나중에 사다 놓을 테니까 오늘은 단호박죽 데워 먹어. 단호박죽은 선반에 있어."

단호박죽 포장지 안에 하얀 플라스틱 숟가락이 붙어 있었어요.

"아이, 귀찮네. 집에 숟가락이 있는데, 왜 이런 걸 넣어 놨담."

미오는 플라스틱 숟가락을 떼어서 재활용 쓰레기통에 버렸어요. 전자레인지에 단호박죽을 넣고 1분 정도 돌리자 김이 모락모락 올라오면서 죽이 퍽퍽 튀는 소리가 났어요. 미오는 조리가 끝난 단호박죽을 가지고 방으로 갔어요. 뜨끈하고 달콤한 죽을 먹으니 눈꺼풀이 무거워졌어요. 곧 미오는 책상에 엎드려 잠이 들었어요.

미오는 다음 날 학교에서 리애 얼굴을 쳐다보지도 못했어요. 쓰레기에 대해 물어볼까 봐 불안했기 때문이에요. 그렇게 안절부절못하고 있는데, 쓰레기에 대해서 궁금한 걸 물어보라던 홍 박사님이 생각났어요. 학교가 끝나자마자 미오는 부랴부랴 쓰레기 연구소로 달려가 초인종을 마구 눌렀어요.

"박사님! 박사님! 박사님!"

"으앗, 넌 엊그제 왔던 그 아이!"

홍 박사는 미오를 보고 깜짝 놀랐어요.

"네, 박사님. 제 이름은 노미오예요. 도와주세요."

미오는 홍 박사에게 사정을 털어 놓고, 쓰레기에 대해 가르쳐 달라고 애원했어요.

"하하하. 그럼, 네가 나의 진정한 첫 번째 제자구나. 직접 찾아와서 쓰레기에 대해 가르쳐 달라고 한 사람은 네가 처음이거든. 아주 자세히 알려 주마. 그럼, 이제부터 나를 사부님이라고 불러라."

"네, 사부님!"

미오는 대답을 하면서도 '자세히'라는 말에 좀 불안해졌어요.

"그럼, 바로 공부를 시작해 볼까? 알고 싶은 걸 질문해 봐."

"잘 모르겠어요……. 뭘 물어야 하는지."

"그럼, 내가 물어보마. 쓰레기가 뭐지?"

"쓰레기요? 그건……. 쓰레기는 그냥 쓰레기죠!"

"와, 너 천재 아냐?"

"예? 몰라서 그렇게 대답한 건데 천재라뇨?"

"옛날에 큰스님께서 말씀하셨지. '물은 물이요, 산은 산이다.' 그런데 네가 '쓰레기는 쓰레기다.'라고 대답했으니 천재 맞지."

노미오는 칭찬을 받으니까 용기가 생겼어요. 그래서 질문이 생각났어요.

"쓰레기가 왜 문제예요?"

"드디어 질문이 떠올랐구나. 역시 천재야."

홍 박사는 노미오의 질문에 대답은 하지 않고 칭찬만 했어요.

"이번에도 내가 물어볼 테니까 대답해 봐."

노미오는 꿀꺽 침을 삼켰어요.

"쓰레기가 무얼까?"

좀 용기가 생긴 노미오는 자신 없는 목소리로 대답했어요.

"더럽고 필요 없는 거죠. 쓸모없어서 버려진 거잖아요."

홍 박사는 빙그레 미소를 지었어요.

"그럼, 한 번도 안 입은 옷을 버리면, 그것도 더러운 걸까?"

이번에는 노미오의 목소리에 자신감이 실렸어요.

"아니요. 하지만 누가 한 번도 안 입은 옷을 버리겠어요?"

"한 번도 안 입은 옷을 버리는 사람도 많아."

"못 믿겠어요."

노미오는 그렇게 대답했지만 옷으로 가득 찬 엄마의 옷장과 버려도 안 아까운 옷들이라는 엄마의 대답이 머리에 떠올랐어요.

"그럼, 쓰레기는 쓸모없는 걸까?"

"그럼요. 쓸모가 없으니까 버리죠."

"맞아. 하지만 내가 버리는 물건이 필요한 사람에게 가면 더 이상 쓰레기가 아닌 거야."

미오는 블록 장난감이 시시해져서 사촌 동생에게 주었던 일이 떠올랐어요. 사촌 동생은 아주아주 신나게 블록 장난감을 가지고 놀았어요.

"그렇네요."

"자, 그럼 다시 물어볼게. 왜 쓰레기가 문제인 걸까?"

"환경을 오염시키니까요."

"역시 금방 대답이 나오는구나."

"쓰레기는 어떻게 환경을 오염시킬까?"

"쓰레기는 그냥 더러워서 환경을 오염시킨다고 생각했었어요."

"쓰레기가 금방 썩어 없어지면 문제가 안 될 거야. 그런데 버려지는 쓰레기가 너무 많아졌어. 일회용품 사용이 급증하면서 더욱 많아졌지. 잘 썩지 않는 비닐이나 플라스틱 쓰레기가 많아진 것도 큰 문제고. 한 번도 입지 않은 옷이 산더미처럼 버려지는 것도 큰 문제야."

이어서 홍 박사는 기후 변화, 가뭄, 홍수, 토양 오염, 대기 오염, 미세 플라스틱, 동물 배 속에서 발견된 플라스틱 등에 대해 침을 튀겨 가며 열정적으로 설명했어요. 그런데 갑자기 미오가 엉뚱한 질문을 했어요.

"사부님은 왜 쓰레기를 연구해요? 게임 박사 이런 게 더 폼 나지 않아요? 전 게임이 너무 좋거든요."

홍 박사는 설명을 멈추고 친절하게 물었어요.

"넌 커서 게임 박사가 되고 싶니?"

"전 되고 싶은 게 없어요. 친구들은 축구 선수, 프로그래머, 유튜버가 되겠다고 하거든요. 전 꿈이 없어서 창피해요."

"창피한 일이 아니야. 나도 너만 했을 때는 꿈이 없었단다."

"그런데 어떻게 쓰레기 박사가 됐어요?"

"난 대학에서 역사학을 공부했거든. 하루는 옛 산성으로 답사를 갔다가 땅속에서 뭔가 발견했지. 파 보니까 유물이 아니라 쓰레기였어. 그 뒤로 답사를 가는 곳마다 쓰레기가 눈에 띄었어. 아마 세상에 쓰레기가 없는 곳은 없을 거야."

"에베레스트산에는 없을 거예요. 가장 높고 추우니까요."

"거기에도 쓰레기가 많아."

"네? 설마 달에는 아직 쓰레기가 없겠죠?"

"달에도 인간이 남긴 쓰레기가 있단다. 달 착륙선의 일부, 골프공, 배설물, 국기, 사진 등 달에 갔던 우주인들이 남기고 온 쓰레기가 고스란히 달에 남아 있단다."

홍 박사는 심각한 표정을 짓고 아까 하던 얘기로 돌아갔어요.

"그때 내가 쓰레기에 대해 너무 모른다는 걸 깨달았어. 그래서 쓰레기를 공부하기로 마음먹었어. 누군가는 쓰레기를 줄이고 없애는 방법을 찾아야 하니까. 그래야 동네가 깨끗해지고, 지구가 깨끗해지고, 동물들이 살아나고, 사람들이 잘 살 수 있을 테니까."

홍 박사는 이렇게 말하는 자기 자신이 멋지다는 생각이 들어 흐뭇한 미소가 지어졌어요.

"사부님, 저도 쓰레기 박사가 될래요! 너무 멋져요. 하지만 안 되겠죠? 대학도 가고, 공부도 많이 해야 하니까요."

미오는 시무룩한 표정을 지었어요.

"아니야. 꼭 대학에 가야 하는 건 아니야. 많이 공부하고 실천을 잘하면 돼. 마른 스펀지가 물을 더 많이 흡수하잖니. 너도 아직은 쓰레기에 대해 아는 게 없으니까 많은 지식을 스펀지처럼 쭉쭉 흡수할 수 있을 거야."

"정말요?"

"당연하지! 그럼, 본격적으로 쓰레기 공부를 해 보자."

홍 박사는 쓰레기 문제가 무엇인지, 쓰레기 문제로 어떤 피해가 발생하는지, 어떻게 쓰레기 분리배출을 해야 하는지, 버려진 쓰레기는 어떻게 처리되는지 등을 자세히 알려 주었어요. 그런데 강의를 다 듣고 난 미오의 얼굴이 하얗게 변했어요.

"사부님, 들은 건 많은데 조금밖에 기억이 안 나요. 어떡하죠?"

홍 박사의 얼굴에도 난처한 표정이 떠올랐어요.

"어떤 게 기억이 나는데?"

"소 한 마리가 1년에 10톤의 똥을 싼다. 오렌지 찌꺼기로 옷감을 만들 수 있다. 악어, 캥거루, 소, 돼지를 죽이지 않고도 포도의 껍질과 씨, 줄기로 가죽을 만들 수 있다. 돼지의 똥과 오줌에서 나오는 가스로 전기를 생산할 수도 있다, 버려진 핸드폰에서 금을 뽑아낸다, 플라스틱 벽돌도 있다, 그런 거요."

"그 정도면 충분한데?"

"안 돼요. 리애 앞에서 망신당할 거예요. 들을 땐 아는 것 같은데, 듣고 나면 생각이 안 나요."

"급할 것 없어. 중요한 것은 꺾이지 않는 마음이야. 대기만성이라고 했으니까."

"대기만성이요? 중국집 이름인가요? 우리 동네 만리장성 짜장면 맛있거든요. 맞다! 그런데 요즘은 만리장성에 나무젓가락이 없어요. 쇠젓가락은 면이 미끄러지는데."

"나무젓가락은 대부분 일회용품이잖아. 우리나라에서 나무젓가락이 1년에 70억 개 정도 사용되는데, 그것 때문에 얼마나 많은 나무를 베어야 하겠니. 그래서 계속 사용할 수 있는 쇠젓가락으로 바꾼 거란다."

미오의 말이 엉뚱한 곳으로 빠지고 있을 때, 홍 박사가 결심이 선 듯 말했어요.

'내 제자를 곤란에 빠뜨릴 수는 없지.'

홍 박사는 제자를 도와줄 방법을 한참 동안 곰곰이 생각하다가 이렇게 말했어요.

"네가 쓰고 있는 안경을 다오."

홍 박사는 책상 아래에 있는 금고에서 투명한 무언가를 두 개 꺼내서 미오의 안경과 자신의 안경에 붙였어요.

"이건 내가 아끼고 아끼는 보물인데 특별히 선물하마. 안경 써 봐."

노미오가 안경을 쓰자 안경에 작은 글씨가 나타났어요.

"쓰레기 없는 사회로 가기 위해서는 우리 모두 함께 변해야 합니다. 소비자의 실천이 중요합니다. 지금처럼 쓰레기 문제가 계속된다면 우리 집 앞에 쓰레기가 산더미처럼 쌓이는 사태를 피할 수 없습니다."

미오가 깜짝 놀라서 소리를 질렀어요.

"와! 사부님 신기해요! 안경에 글자가 나타나요. 이게 뭔가요?"

"그 글은 내가 방금 생각해 낸 글이야. 내 생각이 네 안경에 나타난 거지."

46

"네? 사부님 생각이 어떻게 안경에 보여요?"

"사람이 생각을 하면 뇌파가 발생하거든. 최신 인공 지능 기술을 이용하여 뇌파를 글로 바꾸는 거야. 그리고 그것을 전송하는 거지. 네 생각을 나에게 보내려면 안경을 톡톡 치고 생각을 하면 된단다."

"감사합니다. 이거면 진짜 쓰레기 박사처럼 보일 거예요."

"당분간만 도와주는 거야. 쓰레기 공부를 게을리해서는 안 돼."

"넵! 사부님, 열심히 공부하겠습니다!"

신이 난 미오는 홍 박사를 향해 군인 아저씨처럼 거수경례를 했어요.

도와줘요, 쓰레기 박사!

우리나라 날씨는 왜 동남아시아 날씨로 바뀌고 있나요?

평균 기온이 올라가면서 폭우와 같은 기후 재난 발생이 늘고 있어요.

석유나 석탄 등 화석 연료를 펑펑 사용하기 때문에 공기 중으로 엄청난 양의 이산화 탄소가 배출되면서 전 지구적으로 날씨가 점점 더 따뜻해지고 있습니다. 1850년대에 비해 2022년까지 지구 평균 온도가 1.2도 높아졌는데요. 육지만 한정해서 보면 1.9도가 올라갔습니다. 우리나라는 얼마나 따뜻해졌을까요? 기상청 자료에 따르면 우리나라는 평균 온도가 100년 전과 비교해서 1.6도가 올랐다고 합니다. 2021년에는 평균적으로 4월 10일에나 피던 벚꽃이 3월 24일에 피어서 100년 만에 가장 일찍 피었다고 하고요. 2018년 강원도 홍천군은 여름철 최고 기온이 41도까지 올라 우리나라 기상 관측 역사상 최고 기온을 경신하기도 했습니다. 2023년에는 1935년 이후 88년 만에 9월에 열대야가 찾아오기도 했어요.

날씨가 전반적으로 따뜻해지면 어떤 일이 일어날까요? 기후 시스템 전체의 교란이 일어나서 예측할 수 없는 기후 재난 발생이 많아지게 됩니다. 지구 평균 기온이 1.5도가 올라가면 폭염 일수는 4배, 폭우는 1.5배, 가뭄은 2배 증가한다고 합니다. 폭염과 폭우, 한파가 잦아지면 야외 노동을 해야 하는 사람들과 노인 등 사회적 취약 계층이 더 많은 피해를 받게 되겠죠.

쓰레기 문제도 기후 위기에 많은 영향을 끼칩니다. 쓰레기를 태우거나 매립하는 과정에서도 온실가스가 배출되지만 쓰레기가 나오기 전 단계인 자원을 채굴하고 물건을 만드는 과정에서도 엄청난 양의 온실가스가 배출돼요. 기후 위기 문제를 해결하기 위해서는 불필요한 소비를 줄이고 재활용을 통해 소각과 매립되는 양을 줄이는 게 필요하답니다.

할머니가 주운 폐지는 어떻게 되나요?

길에 내놓은 폐지를 노인분들이 수거해 고물상에 팔기도 해요.

고물상은 폐지나 고철 등 돈이 되는 자원들을 모아서 제지 회사나 철강 회사로 보내는 곳이에요. 도시의 외곽이나 주택가가 많은 지역에 가면 'OO 자원'과 같은 간판이 붙어 있고 마당에 폐지가 쌓여 있는 곳을 볼 수 있는데요. 여기가 바로 고물상이랍니다.

주택가 지역에서 가정이나 슈퍼마켓 등에서 재활용품으로 폐지를 길가에 내놓으면 폐지 줍는 노인분들이 모은 후 고물상에 돈을 받고 팔아요. 시장 상황에 따라 폐지 가격이 폭락하게 되면 하루 종일 모아도 5,000원도 못 벌기도 합니다. 그래서 폐지를 줍는 노인들이 끌고 다니는 손수레에 광고판을 붙여서 광고비를 받을 수 있도록 도와주거나 폐지를 아주 비싸게 구입한 후 업사이클 제품을 만들어서 판매하는 사회적 기업도 있습니다.

아파트에서 분리배출된 폐지는 아파트 관리 사무소와 계약한 재활용 업체들이 가져갑니다. 아파트는 한곳에 많은 양의 폐지가 모이기 때문에 업체에서 돈을 주고 사는 거죠. 아파트에 분리배출된 폐지는 재활용 업체의 재산이기 때문에 몰래 가져가면 절도가 될 수 있어요.

폐지는 박스, 신문지, 인쇄용지 및 책자 등으로 분류가 되어서 제지 회사에서 다시 박스 등의 종이 제품으로 재활용이 돼. 종이 1톤을 만들려면 30년생 나무 17그루가 필요합니다. 폐지 재활용을 많이 할수록 온실가스 배출도 줄일 수 있고 숲도 보호할 수 있겠죠.

에베레스트산에도 쓰레기가 있다고요?

에베레스트산에도 사람들이 버린 쓰레기가 가득해요.

지구 전체가 쓰레기로 몸살을 앓고 있다고 하는데요. 도대체 어디까지 쓰레기가 버려져 있을까요? 세계에서 가장 높은 산인 에베레스트산도 예외가 아니라고 해요. 매년 에베레스트산을 등반하는 사람들이 등반에 사용한 텐트, 산소통, 그릇, 숟가락 등을 산에 그대로 버리고 가는 경우가 많다고 합니다. 네팔 정부는 등반팀에게 4000달러(540만 원)의 보증금을 받은 뒤 산에서 내려왔을 때 1인당 쓰레기를 8킬로그램 이상을 가져오면 다시 돌려주는 제도를 2014년부터 시행하고 있지만, 돌려받는 비율은 절반이 되지 않는다고 하네요. 네팔 정부가 2023년 5월과 6월 두 달 동안 치운 쓰레기만 33톤이나 된다고 하지요.

바다는 어떨까요? 지구에서 가장 깊은 태평양의 마리아나 해구에서도 쓰레기가 발견되고 있어요. 2018년 일본 해양과학기술센터는 마리아나 해구 10.8킬로미터 수심에서 비닐봉지를 발견했고요, 2021년에는 호주의 한 매체에서 탐사한 결과 2013년 개봉한 디즈니 영화 〈겨울 왕국〉의 풍선이 발견되었습니다.

우주에도 인간이 버린 쓰레기로 가득 차 있어요. 로켓 본체나 로켓에서 떨어져 나온 파편, 수명을 다한 인공위성 등이 우주 쓰레기가 되죠. 유럽 우주국은 2021년 통계를 기반으로 10센티미터 이상 크기의 인공 잔해물은 3만 6,500개, 1센티미터~10센티미터 크기는 100만 개, 1센티미터 미만은 1억 3000만 개가 있을 것으로 추정하고 있습니다. 달에도 인간이 버린 쓰레기가 있고요, 화성에도 인간이 보낸 탐사 로봇이 있는데요. 작동을 중지하면 화성에서 쓰레기로 버려지게 되겠죠.

3장

엄마들의 쓰레기 전쟁

뻐꾹, 뻐꾹, 뻐꾹……

뻐꾸기시계가 10시를 알렸어요. 미오 엄마는 물방울 원피스를 입고 집을 나섰어요.

7층에서 리애 엄마가 천으로 만든 장바구니를 들고 엘리베이터에 탔어요.

"안녕하세요, 리애 어머니? 아침 일찍 어디 가세요?"

"마니사 마트에서 할인 행사를 하잖아요. 일찍 가야 싸고 좋은 걸 살수 있어서……. 호호호."

리애 엄마가 할인 행사를 알리는 전단을 보여 주면서 말했어요.

"미오 어머니는 '지구의 눈물'로 예쁘게 꾸미시고 어딜 가세요?"

미오 엄마는 예쁘다는 칭찬에 웃으면서 대답했어요.

"주민 센터에서 동장 교육이 있어서요. 재활용 쓰레기 분리배출 교육이요."

"참, 그렇지 않아도 미오가 쓰레기 반장 됐다면서요? 요즘 같은 때에 정말 중요한 역할을 맡은 것 같아요."

두 사람이 즐겁게 대화를 나누는 사이에 엘리베이터가 1층에 도착했어요.

주민 센터에서 열린 교육이 끝나고 집으로 돌아오던 미오 엄마는 강사를 생각하고는 웃음을 터뜨렸어요.

'이름이 홍수열이었나? 너무 웃기더라. 좀비 가면을 쓰고 나타나다니. 자기가 섬세하고 고귀한 귀족적인 품성을 지니고 있다고 자기 입으로 떠들기까지 하고, 후후후.'

미오 엄마는 기억에 남은 내용을 떠올려 보았어요.

'스웨덴에 사는 70대 할머니가 기후 변화의 심각성을 알리려고 이집트까지 자전거를 타고 간 것도 놀라워. 유엔 기후 변화 협약 당사국 총회가 열린 이집트까지 무려 4달 동안 8천 킬로미터가 넘는 거리를 달렸다니! 인쇄물이 여기 있었는데, 자세히 읽어 봐야겠다.'

미오 엄마는 도로시 힐데브란트 할머니 사진과 할머니의 이야기가 담긴 인쇄물을 읽어 보았어요.

"제 손주들뿐만 아니라 아이들이 자연과 함께 살아갈 수 있으면 좋겠어요. 그런데 올해 유럽의 폭염과 미국 캘리포니아의 산불, 더 큰 피해를 겪고 있는 지구 남반구 국가들을 보면, 이대로 가만히 있어선 안 된다는 생각이 들어요."

미오 엄마는 그동안 쓰레기 분리배출에 신경을 덜 쓴 게 후회되었어요.

'나도 우리 아이들의 미래를 위해 뭔가 해야겠어. 그래, 동장으로서 그간 소홀했던 쓰레기 분리배출 상태를 점검해 보자.'

미오 엄마는 그 길로 재활용 쓰레기 배출장으로 갔어요. 쓰레기장은 염려했던 것보다 정돈이 잘되어 있었어요. 청소 상태도 양호했고요. 관리인 아저씨가 틈틈이 정리를 한 것 같았어요.

그런데 이상한 점이 눈에 띄었어요. 버려진 페트병에 라벨이 붙어 있었던 거예요. 또 음식물 찌꺼기를 씻지 않은 플라스틱 그릇, 비닐 코팅이 된 종이 전단지, 테이프를 떼지 않은 택배 상자 등 많은 문제점이 눈에 들어왔어요.

'이래서는 쓰레기 재활용이 제대로 되지 않아. 이건 시늉만 내는 거야. 하려면 제대로 해야지.'

주민 여러분께 알려 드립니다. 우리 아파트 쓰레기 분리배출 상태가 엉망입니다. 이러다가는 지구가 망가집니다. 우리 아이들의 미래가 어둡습니다. 우리 모두 반성해야 합니다. 여러분, 제발 꼭! 꼭! 꼭! 분리배출을 철저히 해 주세요.

집으로 돌아온 미오 엄마는 식탁 의자에 앉아 안내 방송 원고를 작성했어요.

원고를 읽어 보니 주민들을 나무라는 것 같았어요.

'홍 강사님도 누구를 비난하고 공포에 휩싸이게 하기보다는 주민들이 분리배출을 잘하게 만드는 게 중요하다고 했어. 한 사람 한 사람이 쉽게 잘할 수 있는 걸 알려 주자.'

미오 엄마는 생각을 가다듬고 원고를 새로 썼어요.

주민 여러분, 우리 아파트 재활용 쓰레기 분리배출장은 깨끗이 운영되고 있습니다. 그런데 몇 가지 아쉬운 점이 눈에 띄었어요. 그것만 고쳐진다면 아주 좋겠네요.
앞으로 쓰레기를 버리기 전에 이렇게 해 보세요. 페트병 라벨은 꼭 떼고요. 택배 상자에서 테이프는 반드시 떼 주세요. 또 잘 찢어지지 않는 비닐 코팅이 된 종이 전단지는 일반 쓰레기로 버려야 해요. 참 쉽죠? 페트병, 택배 상자, 비닐 코팅 종이, 세 가지를 잘 기억해 주세요.

미오 엄마는 관리실로 달려가서 안내 방송을 했어요. 아파트에 울려 퍼지는 자기 목소리를 들은 미오 엄마는 곧 답답한 문제가 해결될 거라는 생각에 마음이 시원해졌어요.

그로부터 일주일 동안 매일 안내 방송이 나왔어요. 그리고 마지막으로 안내 방송이 나온 날, 미오 엄마는 가벼운 마음으로 재활용 쓰레기 배출장에 가 보았어요. 하지만 방송을 하기 전과 달라진 게 없었어요. 미오 엄마는 섭섭했어요.

'내가 그렇게 애를 썼는데 주민들이 따라 주지 않다니…….'

그 뒤로 미오 엄마는 재활용 쓰레기를 버리러 가는 주민을 만나면 재활용 쓰레기 상태를 살피면서 잘못된 점을 지적했어요. 어떤 주민은 미안하다면서 쓰레기를 다시 정리했지만, 어떤 주민은 대꾸하지 않거나 오히려 화를 내기도 했어요.

그 날도 미오 엄마가 쓰레기 배출장에 버려진 쓰레기들을 보고 한숨을 쉬고 있었어요.

"안녕하세요? 뭐 하세요?"

재활용 쓰레기를 잔뜩 들고 온 리애 엄마가 미오 엄마를 발견하고 인사를 했어요.

"쓰레기 좀 보고 있었어요. 분리배출들을 똑바로 안 해서 속상해요."

"아직도 쓰레기 분리배출을 제대로 안 하는 사람이 있단 말이에요?"

리애 엄마가 플라스틱 쓰레기를 버리면서 말했어요.

"리애 어머니, 잠깐!"

"예? 왜 그러세요?"

리애 엄마가 깜짝 놀라서 물었어요.

"방금 버린 그 통, 식용유 통이죠?"

"네. 식용유 통 맞아요."

"그거 투명 페트병 배출 자루에 버리면 안 돼요."

"왜요? 투명한데요."

"식용유 통은 투명해도 남은 기름을 버리고 물에 헹군 다음 일반 플라스틱으로 배출해야 해요."

리애 엄마는 속으로 '아차, 실수했구나.' 생각했지만, 막상 잘못했다는 지적을 받으니까 기분이 몹시 상했어요. 그래서 때끔 이렇게 대답했어요.

"싫어요."

그 순간 두 엄마들 사이에 싸늘한 냉기가 돌았어요.

"리애 어머니는 자기 편리만 생각하는 이기주의자네요."

"내가 이기주의자라고요? 나도 남들만큼 지구를 생각하면서 사는 사람이에요."

"말해 봐요!"

"일회용 젓가락 사용 안 하죠. 일회용 빨대도 사용하지 않고, 외출할 때는 텀블러를 갖고 다니고요. 생수도 잘 안 마시죠. 장바구니는 꼭꼭 챙겨 다니죠. 그러는 미오 어머니야말로 이기주의자 아녜요?

"내가 이기주의자라고요?"

"네! 쓰레기 문제로 주민들을 괴롭히면서 은근히 동장의 힘을 과시하는 거 아니에요?"

감정이 상할 대로 상한 두 엄마는 조금도 물러서지 않고 말싸움을 벌였어요. 쓰레기를 버리러 나온 다른 주민들이 두 엄마를 뜯어말리고서야 간신히 싸움은 끝이 났지요.

"학교 다녀왔습니다."

"……."

엄마는 대답 대신 대뜸 이렇게 말했어요.

"너 앞으로 리애랑 놀지 마."

이상한 분위기를 눈치챈 미오가 엄마에게 물었어요.

"예? 갑자기 리애와 놀지 말라뇨? 무슨 일 있어요?"

엄마는 쓰레기 분리배출장에서 일어났던 일에 대해 짜증을 내며 얘기했어요.

"엄마를 보면 아이를 알 수 있거든. 틀림없이 리애도 이상한 아이일 거야."

"엄마!"

곤란해진 미오는 살며시 안경을 톡톡 두드렸어요. 조금 뒤에 안경에 이런 글이 나타났어요.

- 미오야, 내가 보내는 글을 잘 읽어 드리렴.

미오가 고개를 끄덕거리자, 또 홍 박사의 생각이 전달됐어요.

- 미오 어머니, 쓰레기 분리배출을 잘하게 하려면…….

미오는 안경에 보이는 문자를 읽었어요.

"미오 어머니."

미오 엄마의 눈이 커졌어요.

"뭐라고? 네가 지금 나더러 '미오 어머니' 하고 불렀니? 마치 딴 사람 같구나."

"히히히, 엄마를 놀라게 하려고 일부러 그런 거예요."

미오의 재치로 위기를 넘긴 뒤 홍 박사의 생각이 다시 도착했어요.

"엄마, 있잖아요. 쓰레기 분리배출을 잘하려면 아는 것도 중요하지만, 행동이 더 중요하거든요. 행동은 습관이 되어야 하고요. 습관이 되려면 시간이 걸리죠. 그러니까 참을성 있게 기다리면서 즐거운 마음으로 분리배출을 하게 도와주세요."

"너, 내 아들 맞냐? 우리 미오가 쓰레기 반장이 되더니 의젓해졌구나. 호호!"

미오 엄마는 기분이 풀렸는지 얼굴에 미소를 지었어요.

도와줘요, 쓰레기 박사!

재활용 쓰레기는 어떻게 배출하면 되나요?

지구를 생각하는 시민이라면 반드시 알아야 할 분리배출의 기본 원칙은 '비·헹·분·섞'이에요. '비우고, 헹구고, 분리하고, 섞지 않는다'는 4가지 행동 지침이죠. 이 중에서 제일 중요한 것은 비우기와 헹구기예요. 더러운 채로 버리면 쓰레기를 손으로 집어서 수거하고, 분류하는 작업이 힘들어져요. 깨끗하게 버리는 것은 분리배출하는 사람이 기본적으로 가져야 할 예의입니다. 부피가 작은 플라스틱을 재활용하려면 작은 플라스틱을 따로 모으는 과정이 필요해요. 칼, 유리 조각, 송곳, 바늘, 주사기 등 사고가 날 수 있는 날카로운 것들은 두꺼운 종이로 잘 싼 다음 쓰레기로 배출해야 합니다.

흔히 볼 수 있는 페트병은 라벨을 뗀 후 마개를 닫아서 배출해야 해요. 마개는 재활용 공정에서 페트병과 분리해서 재활용할 수 있기 때문에 닫아서 배출하는 것이 좋습니다. 단 마개를 닫을 때 그냥 닫으면 압축이 어려우니까 병을 밟아서 압축한 후 마개를 닫는 것이 좋지요. 또, 투명 페트병을 따로 배출하는데, 여기에는 생수와 음료 페트병만 해당됩니다. 식용유나 샴푸, 세제, 화장품 등을 담은 병은 투명하다고 하더라도 플라스틱으로 배출해야 합니다. 갈색 맥주병처럼 색깔이 있는 병도 플라스틱으로 배출합니다.

스티로폼은 비닐테이프와 스티커는 반드시 제거해야 해요. 스티로폼은 흰색만 재활용하기 때문에 색깔이 있는 스티로폼은 쓰레기로 배출해야 합니다. 컵라면 용기는 국물 자국이 배어 있어서 그 상태로는 재활용이 어려운데요. 햇빛에 두면 색깔이 없어집니다.

페트병과 스티로폼 이외 플라스틱은 색깔별 구분을 크게 하지 않아요. 예를 들어 배달 용기는 음식을 담았기 때문에 물에 씻더라도 국물 자국이 남을 수 있는데요. 컵라면 용기와 다르게 국물 자국이 좀 배어 있더라도 음식물 찌꺼기만 세척했다면 분리배출하면 됩니다.

분리배출 표시된 것은 무조건 분리배출하면 되나요?

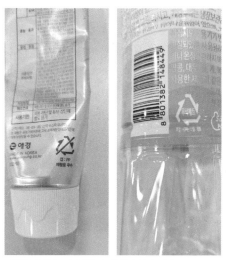

라벨을 잘 살펴보면 재활용이 가능한지 알 수 있어요.

분리배출 표시는 두 가지 의미가 있습니다. 첫 번째는 분리배출하면 재활용하겠다는 정부와 기업의 약속입니다. 두 번째는 우리가 사는 제품의 가격 속에 재활용 비용이 들어가 있다는 의미입니다. 기업들이 소비자로부터 재활용 비용을 걷어서 재활용 업체들에게 지원을 한다는 의미가 담겨 있어요. 그러니까 우리가 물건을 살 때 기업들에게 재활용 비용을 지불한 거죠.

분리배출 표시가 된 것 중에서 분리배출하더라도 재활용이 되지 않는다고 알려진 것들도 있어요. 즉석밥 용기나 화장품 용기가 그런 논란이 많이 되고 있는데요. 분리배출 표시를 한 것을 분리배출했는데 재활용이 되지 않는다면 그것은 소비자 잘못이 아니라 기업의 책임입니다. 기업들이 자기 역할을 하지 않은 것이죠.

분리배출 표시 밑에 '재활용 어려움'이라는 글자가 적혀 있는 경우도 있는데요. 이 말은 재활용이 전혀 불가능하니 종량제 봉투로 버려야 한다는 의미가 아닙니다. 재활용을 방해하는 요소가 있기 때문에 개선이 필요하다는 정도의 의미로 생각하면 되지요. 소비자에게 종량제 봉투로 버려야 한다는 정보를 주는 것이 아니라 기업들로 하여금 재활용이 더 잘될 수 있도록 조속히 제품을 개선하라는 압력을 넣는 것으로 이해하시면 됩니다. 즉, 분리배출 표시가 되어 있는 것은 소비자는 '비·헹·분·섞'을 한 후에 분리배출하면 됩니다. 분리배출 이후의 문제는 정부와 기업들의 몫입니다.

분리배출한 후에 쓰레기는 어떻게 재활용이 되나요?

선별장에 모인 쓰레기들은 종류별로 구분되어 이후 재활용품으로 다시 태어납니다.

재활용 쓰레기는 '분리배출 – 분리수거 – 선별 – 재활용'의 단계를 거칩니다. 주민들이 재활용 쓰레기를 분리해서 배출하면 이것만을 따로 수거해야 합니다. 종량제 봉투나 음식물 쓰레기와 함께 섞어 버리면 분리배출의 의미가 없어지겠죠. 재활용 쓰레기만 따로 차에 실어서 선별장이라는 곳으로 가져갑니다.

선별장은 재활용 쓰레기를 종류별로 세분하는 곳이에요. 유리병도 백색, 갈색, 녹색으로 색깔별로 선별합니다. 왜냐하면 색깔별로 선별을 해야 그 색깔의 유리병으로 다시 만들 수 있기 때문이지요. 여러 색깔의 유리병이 섞여 있으면 그 색깔의 유리병으로 다시 재활용할 수 없습니다. 플라스틱도 여러 재질이 있는데요. 재질별로 구분해야 합니다. 폴리프로필렌(PP), 폴리에틸렌(PE), 폴리스티렌(PS) 이런 식으로 여러 종류가 있어요. 플라스틱은 재질별로 성질이 다르기 때문에 같은 재질끼리 모아야만 재활용이 잘될 수 있습니다. 스티로폼과 비닐은 또 별도로 구분을 합니다. 금속은 철, 알루미늄, 구리 등 종류별로 따로 구분합니다.

이렇게 종류별로 세분해서 각각 재활용 업체로 보내 재생 원료를 만든 후 최종적으로 여러 재활용 제품을 만듭니다.

유리병은 녹여서 다시 유리병으로 만들고요. 폐지는 박스 등 종이 제품으로 만듭니다. 페트병은 다시 페트병으로 만들거나 섬유로 뽑아서 옷 등을 만들어요. 플라스틱은 녹여서 파이프, 자동차 부품 등의 제품을 만들고 스티로폼은 녹인 후 액자 등을 만듭니다. 비닐은 석탄을 대체하는 연료로 대부분 사용하는데요. 최근에는 비닐을 분해해서 다시 석유로 만드는 방법이 등장해서 관심을 모으고 있습니다. 금속은 종류별로 녹여서 건축 자재나 자동차 부품 등 다양한 금속 제품으로 재활용합니다.

4장

쓰레기를
줄여라

　오늘은 우유 급식이 나오는 날이에요. 일찍 등교한 미오는 교실 앞쪽에 놓인 우유 상자에서 우유를 뽑아 자리로 가서 한입에 쭉 마셨어요. 뒤에 온 아이들도 우유를 들고 자리로 갔어요. 어떤 아이는 우유가 싫은지 우유를 책상 깊이 넣어 버렸고, 어떤 아이는 가방에 넣었어요. 우유를 들고 오지 않는 아이도 있었어요.

　우유를 다 마신 아이들은 우유갑을 휴지통에 버렸어요. 휴지통에는 우유갑이 가득 쌓였어요. 미오는 휴지통에 버려진 우유갑을 보고 짝에게 말했어요.

　"저 우유갑을 모아서 주민 센터에 가지고 가면 휴지로 바꿔 준다는데, 우리도 해 볼래?"

"휴지로 바꿔서 무얼 하려고? 너희 집에 휴지 없어?"

"아니, 어려운 사람을 돕는 데 쓰자는 거지."

"와, 그거 좋은 생각인데!"

미오 옆자리에 앉은 아이가 반 아이들을 향해 외쳤어요.

"애들아, 미오가 버려진 우유갑을 모아서 어려운 사람을 위해 쓰자는데. 어때?"

아이들 모두 미오를 바라보았어요.

"쓰레기 반장답다. 찬성!"

좋다는 대답이 여기저기서 나오는 가운데, "난 반대!" 하는 목소리가 크게 들렸어요. 아이들 모두 어리둥절하여 소리가 난 쪽으로 고개를 돌렸어요. 태규였어요. 교실이 순식간에 고요해졌어요.

"왜 반대하는데……?"

미오가 태규의 기세에 눌려 기어들어 가는 목소리로 물었어요.

"너 제대로 알고나 하는 소리야?"

그 순간 미오가 홍 박사에게 생각을 보냈고 곧 홍 박사의 생각이 안경에 나타났어요.

"그럼, 당연하지. 옆 학교 애들도 우유 급식에서 나온 우유갑 3,460개를 모아 휴지 86개로 바꿨고, 그걸 복지 시설에 기증했단 말이야."

"와! 대단해. 역시 쓰레기 반장이야!"

아이들이 환호했어요.

"그럼, 우유갑을 일일이 씻어 말려야 한다는 것도 알아? 우리 중 누가

우유갑 3,000개를 씻어 말릴래?"

태규의 말에 아이들이 술렁댔어요.

"난 싫어."

"그런 거 몰랐어."

아이들의 분위기가 태규 쪽으로 기울었어요. 그걸 느낀 태규는 입가에 미소를 지었어요.

"그래도 나무도 살리고 어려운 사람도 돕고, 좋잖아."

미오가 말했지만 한번 넘어간 아이들의 분위기는 미오 쪽으로 돌아오지 않았어요. 힘이 빠진 미오는 더 이상 우유갑 이야기를 하지 않았어요.

그날 5교시 학급 쓰레기 회의 시간에 선생님이 칠판에 "벼룩시장"이라고 크게 쓰고 말하셨어요.

"누가 벼룩시장에 대해 말해 볼래요?"

태규가 손을 번쩍 들고 말했어요.

"중고품을 파는 시장을 말합니다. 안 쓰는 중고품을 팔고, 필요한 사람이 그걸 사면 쓰레기를 줄이는 효과를 볼 수 있어요."

"잘 설명했어요."

태규가 어깨를 으쓱하며 미오를 흘끗 보았어요.

"쓰레기를 줄이는 방법은 여러 가지 있어요. 이번에 쓰레기 줄이기를 실천하는 방법으로 학교에서 벼룩시장을 열기로 했어요. 다음 주 토요일, 모든 학급에서 학교 운동장에 판매대를 열 거예요. 학교 주변에서 사는 주민들도, 여러분의 부모님들도 참여하실 수 있어요. 쓰레기 반장 미오를 중심으로 계획을 잘 짜 보세요."

선생님은 아이들이 자유롭게 의견을 말할 수 있도록 교무실로 가셨어요. 잠시 뒤에 태규가 빈정거리듯 말했어요.

"그런 계획은 쓰레기 반장 혼자서 세워도 돼. 얘들아, 안 그래?"

"맞아."

"노미오는 벼룩시장도 잘 알 거야."

아이들은 태규 편을 들고 한마디씩 거들었어요. 미오는 어쩔 줄 몰라 했어요. 벼룩시장을 준비하려면 여러 명이 힘을 합해야 해야 하기 때문이죠. 그때 리애가 벌떡 일어나서 성난 표정으로 말했어요.

"야, 반장!"

리애의 날카로운 목소리에 태규가 움찔했어요.

"너, 왜 번번이 미오의 기를 꺾는 거야? 반장 역할을 빼앗겼다고 생각해서 그래? 대답해 봐!"

태규는 대답하지 않았어요.

"치사하게 말이야. 그리고 너희도 비겁해. 태규가 미오를 괴롭히는 줄 알면서도 태규 편을 든단 말이야?"

태규는 순순히 물러서지 않았어요.

"그래. 나도 쓰레기 문제에 대해 잘 알거든. 실천도 잘해. 너희도 봐 왔잖아. 주리애, 넌 왜 노미오 편만 드는 거야? 혹시 둘이? 알나리깔나리! 미오와 리애는 그렇고 그런 사이래요!"

미오는 얼굴이 홍당무처럼 빨개져서 고개를 푹 숙였어요. 하지만 리애는 당당하게 말했어요.

"아냐, 그런 거. 노미오가 열심히 쓰레기 반장을 하는데, 네가 너무 괴롭히니까 봐 줄 수가 없어서 그런 거야."

리애는 이렇게 말하고 나서 잠시 생각했어요.

"좋아, 그럼 이렇게 해. 벼룩시장은 모두 힘을 합쳐서 계획하고, 노미오와 모태규는 누가 더 멋진 물건을 가져와서 비싸게 파는지로 승부하는 거야. 어때?"

"나는 자신 있어. 보나마나 승리는 나의 것이야."

먼저 대답한 태규가 미오에게 물었어요.

"어때, 노미오. 질까 봐 겁나냐?"

미오는 리애에게 약한 모습을 보이기 싫어서 배에 힘을 단단히 주고 대답했어요.

"뭐가 겁나? 정정당당하게 승부를 가르자."

"어쭈, 좋아!"

열흘이 지나고 마침내 벼룩시장이 열리는 날이 왔어요. 아이들은 며칠 전부터 벼룩시장에서 팔 물건을 학교에 가져왔으나 미오와 태규는 서로 눈치를 보느라 물건을 가져오지 않았어요. 내가 먼저 물건을 내면 상대방은 내가 낸 물건보다 더 좋은 걸 낼 것이기 때문이었지요. 미오는 토요일 아침까지도 물건을 정하지 못했어요.

'멋지고, 비싼 걸 가져가야 해. 그래야 내가 이길 수 있어.'

미오가 어떤 물건을 가져가야 할지 고민하고 있는데, 엄마가 방문을 열고 말했어요.

"미오야, 학교 안 가니? 오늘 벼룩시장이라면서? 엄마도 가서 지구의 눈물 자랑 좀 할까? 호호호."

그때 미오의 머리를 번개처럼 스친 생각이 있었어요.

'그래, 바로 그거야! 그거면 내가 이길 거야.'

미오는 후다닥 물건을 챙기고 현관문을 나섰어요.

"엄마도 갈까?"

"아, 아, 아니요. 엄마 안 와도 돼요."

"가고 싶긴 하지만 네가 싫다고 하니 안 갈게. 그런데 그 커다란 쇼핑

백은 뭐니?"

미오는 잽싸게 쇼핑백을 뒤로 감추었어요.

"아무것도 아니에요. 벼룩시장에서 팔 거예요."

"그래? 어디 보자. 우리 아들이 뭘 팔까 궁금하네."

미오는 쭈뼛거리며 쇼핑백을 앞으로 내밀었어요.

"앗, 이게 뭐야?"

엄마가 깜짝 놀라서 쇼핑백에 든 물건을 꺼내 들었어요. 그것은 옷장에 있던 엄마의 드레스였어요.

"아니, 너 왜 엄마 옷을 가져가는 거야? 엄마한테 말도 안 하고."

"엄마가 버려도 안 아까운 옷들이라고 그랬잖아요."

"그건 그냥 한 소리지. 내 옷은 안 돼. 네 장난감이나 가져가."

옷을 빼앗긴 미오는 방으로 들어가서 가장 아끼는 조립 로봇을 만지작거리다가 결국에는 두 번째로 아끼는 로봇을 가지고 나갔어요. 미오는 학교로 걸어가는 내내 고민했어요.

'제일 멋진 로봇을 가져올 걸 그랬나? 이러다가 지면 어떡해.'

학교 운동장에 들어서니 벌써 천막이 여러 개 세워져 있었고, 천막 안에는 커다란 판매대가 깔려 있었어요. 미오가 교실 가까이 가자 남자아이들이 감탄하는 소리가 크게 들려왔어요. 미오는 불안해서 종종걸음으로 교실로 갔어요. 남자아이들이 태규를 둘러싸고 있었어요.

태규 책상 위에 멋진 축구복이 놓여 있었어요. 미오가 들어오는 것을 곁눈으로 본 태규가 목소리를 더 높였어요.

"이거, 지난 카타르 월드컵 대회에서 우리나라 국가대표 선수들이 입었던 유니폼이야."

"정말?"

"물론. 더군다나 페트병으로 만든 옷이야. 페트병을 재활용한 거지. 셔츠 한 장 만드는 데 페트병이 8개 들어간대."

"페트병으로 옷을 만들어? 그것도 월드컵 출전 선수들이 입는 옷을?"

태규가 유니폼을 뒤로 돌리자 등 뒤에 사인이 잔뜩 있었어요.

"와, 손흥민 선수 사인이네. 가짜지?"

"진짜야. 우리 삼촌이 국가대표 선수들의 물리 치료사거든. 기념으로 받은 거래."

미오는 후회했어요.

'아, 졌다. 제일 멋진 로봇을 가져올걸.'

태규의 얼굴에 승리를 예감하는 웃음꽃이 활짝 피었어요. '봐라. 내가 이겼지?'라고 말하는 것 같았어요.

"야, 모태규!"

그때 교실 입구에서 굵은 목소리가 들려왔어요. 모두 놀라서 돌아보니 덩치 큰 아저씨가 태규를 향해 성큼성큼 걸어왔어요. 태규는 눈이 똥그래지고 입이 벌어졌어요. 아저씨는 화난 표정으로 말했어요.

"내가 보물로 여기는 유니폼을 몰래 가져오면 어떡해! 이걸 벼룩시장에서 판다고? 너 이따가 집에서 보자."

태규 삼촌은 유니폼을 챙겨서 돌아갔어요. 태규는 고개를 푹 숙이고 아무 말도 하지 못했어요. 미오는 자신의 승리를 확신하고 로봇의 가격을 5,000원으로 정했어요.

오전 9시 30분에 벼룩시장이 열렸어요. 많은 사람들이 벼룩시장에 참가했어요.

"최신 조립 로봇 싸게 팝니다! 제가 제일 아끼는 로봇이에요!"

미오는 빨리 승리를 확정 짓고 싶어서 목청껏 외쳤어요. 그런데 아무도 미오의 로봇에 눈길을 주지 않았어요.

'너무 비싸서 그런가? 빨리 팔려야 내가 이기는 건데.'

미오는 가격을 3,000원으로 내렸지만 그래도 로봇에 관심을 보이는 사람이 없었어요. 미오 옆에서 냄비를 팔던 친구는 냄비가 3,000원에 팔리자 좋아서 팔짝 뛰었어요. 그 옆에서 엄마가 만든 수세미를 팔던 친구도 수세미가 팔리자 함박웃음을 지었어요. 미오의 로봇은 여전히 팔리지 않았어요. 로봇 가격이 2,500원, 2,000원, 1,500원으로 내려갔고, 결국 500원까지 내려갔어도 로봇은 팔리지 않았어요.

11시 30분에 벼룩시장은 끝이 났어요. 교무실에서 벼룩시장 결산을 하고 교실로 오신 선생님은 싱글벙글 웃으면서 말씀하셨어요.

"여러분, 수고 많았어요. 오늘 느낀 점들이 많았을 거예요. 쓰레기를 줄이는 일이 생각보다 어렵지 않았죠? 어렵다고 생각되는 것도 실천해 보면 쉬울 때가 많아요. 자, 오늘 결과를 발표할게요. 오늘 총 수익금은 50만 원이에요. 대단하죠? 수익금을 어떤 일에 사용할지는 전교 회의에서 결정할 거예요. 그보다 더 기쁜 소식은……."

선생님은 아이들 얼굴을 하나하나 둘러보고 말을 이었어요.

"여러분 모두 노력을 많이 한 덕분에 우리 반이 1등을 차지했어요. 서로에게 박수!"

아이들은 마주보면서 박수를 쳤어요. 손바닥을 높이 들어 마주치는 아이들도 있었어요.

"오늘 수고 많았어요. 집에 돌아가서 푹 쉬고, 월요일에 만나요."

선생님이 나가신 뒤에도 아이들은 자리에서 일어나지 않았어요. 미오와 태규의 대결이 궁금했기 때문이에요. 벼룩시장 내내 한 마디도 하지 않던 태규가 굳은 얼굴로 말했어요.

"노미오, 우리 새로 승부를 가려야지!"

미오도 지지 않았어요.

"좋아. 이번엔 내가 꼭 이길 거야."

"그런데 무엇으로 승자를 가리지?"

미오가 안경을 톡톡 쳤고, 조금 뒤에 홍 박사의 생각이 보였어요.

"어떤 사람이 우유 회사에 플라스틱 빨대를 없애 달라는 편지를 보냈는데, 우유 회사에서 그 편지를 보고 정말로 빨대를 없앴거든. 그 결과 매년 온실가스 342톤을 줄이는 효과를 봤대. 또 한 초등학교 아이들이 음료 회사에 플라스틱 병에 붙은 비닐 라벨을 쉽게 뗄 수 있게 만들어 달라는 편지를 써 보냈는데, 음료 회사에서 그렇게 실천했대. 그러면 플라스틱 병을 더 많이 재활용할 수 있으니까 플라스틱 쓰레기를 줄이는 효과를 보는 거지."

미오의 말을 듣고 태규가 제안했어요.

"그럼, 회사에 플라스틱 사용을 줄여 달라는 편지를 써서 그렇게 하겠다는 답장을 먼저 받는 사람이 이기는 걸로 하자!"

"좋아. 그렇게 되면 플라스틱 쓰레기도 엄청나게 줄일 수 있을 거야."

"보람도 큰 거지."

"답장을 무작정 기다릴 수는 없으니까 딱 열흘만 기다리는 걸로 하자. 답장 받는 주소는 학교로 쓰고."

미오는 서둘러 집으로 와서 책상 앞에 앉았어요.

'어디에다 어떤 편지를 써야 하지?'

태규 앞에서는 큰소리쳤지만, 막상 편지를 쓰려니까 막막했어요. 학교 숙제로 부모님께 편지 쓰기를 한 것밖에 편지를 써 본 적이 없었으니까요. 미오는 정신을 차리기 위해 찬물을 마시러 부엌으로 갔어요.

"그래, 저거야!"

미오의 눈에 들어온 건 단호박죽이었어요. 하얀 플라스틱 숟가락. 인터넷에서 회사 주소를 찾는 건 아주 쉬웠어요. 미오는 컴퓨터를 켜고 낑낑대며 편지를 쓰기 시작했어요. 검색하는 것만큼 편지 쓰기가 쉬우면 얼마나 좋을까, 생각하면서 말이지요.

안녕하세요? 저는 고온 초등학교 쓰레기 반장 노미오입니다.

같은 반 친구와 '플라스틱 쓰레기 줄이기' 대결을 벌이고 있어요.

꼭 이기고 싶어요. 그러니까 단호박죽 하얀 플라스틱 숟가락을 없

애 주세요.

제가 지면 리애 앞에서 고개를 들지 못할 것 같아요.

부탁이에요. 도와주세요.

미오는 편지가 마음에 들지 않아서 다시 썼어요. 그렇게 쓰기를 되풀
이한 끝에 간신히 마음에 드는 편지가 완성됐어요.

안녕하세요?

저는 고온 초등학교 3학년 1반 쓰레기 반장 노미오입니다.

저는 쓰레기를 줄이는 데 관심이 많습니다. 쓰레기는 환경을 오염

시킨다고 배웠어요. 쓰레기를 재활용하는 것보다 쓰레기를 만들지

않는 게 더 중요하다고도 배웠죠. 그래서 그것을 실천하려고 애쓰

고 있습니다.

얼마 전에 단호박죽을 먹었습니다. 아주 맛있었어요. 맛있게 만들

어 주셔서 고맙습니다.

그런데 포장지에 하얀 플라스틱 숟가락이 붙어 있었어요. 집에서

는 집에 있는 숟가락으로 죽을 먹기 때문에 일회용 숟가락을 그대

로 버릴 수밖에 없었습니다. 플라스틱 쓰레기를 만들고 말았어요.
단호박죽에서 플라스틱 숟가락을 없앤다면 플라스틱 쓰레기를 많
이 줄일 수 있을 거예요.
읽어 주셔서 고맙습니다.

미오는 글을 정성껏 편지지에 옮겼어요. 드디어 편지 쓰기가 끝났어
요. 어느덧 밤이 되었어요. 미오는 편지 봉투를 찾으러 거실로 나왔어
요. 엄마가 얼굴을 찌푸리고 뉴스를 보고 있었어요.

텔레비전 뉴스에서는 많은 사람이 모여서 소리를 지르고 있었어요.

"우리 동네에 하수 처리장이 웬 말이냐!"

"깨끗한 동네에서 살고 싶다!"

"하수 처리장 절대 반대!"

"아이들에게 깨끗한 환경을!"

놀란 미오는 엄마에게 물었어요.

"엄마, 저 사람들 왜 그래요?"

"동네에 하수 처리장이 들어서는 걸 반대하는 거야."

"안 만들면 되잖아요. 사람들이 싫어하니까."

"하수 처리 시설은 꼭 필요해. 우리가 버린 물을 하수 처리장에서 깨
끗하게 만들어 강이나 바다로 내보내는 거야. 하수 처리장이 없으면,
강이나 바다가 더 빨리 오염되지 않겠니?"

"그렇다면 왜 하수 처리장 건설을 반대해요?"

"하수 처리장은 냄새도 나고 보기에도 안 좋다는 인식 때문에 사람들이 혐오 시설이라고 생각하거든. 필요한 시설이기는 하지만 내 집 주변에는 두고 싶지 않은 거지. 저 사람들을 욕할 수는 없어. 근데 넌 왜 안 자고 나왔어?"

"아참, 엄마, 편지 봉투 어디 있어요?"

"글쎄, 집에 있을까 모르겠네. 찾아볼게."

미오는 다음 날 아침 일찍 편지를 우체통에 넣었어요. 답장을 기다리는 시간이 더디게 흘렀어요. 하루, 이틀, 사흘, 나흘……

기다려도 기다려도 답장은 오지 않았어요.

열흘째 되는 날, 선생님이 웃으면서 교실로 들어오셨어요.

"태규, 미오. 두 사람 다 앞으로 나오세요."

두 사람이 어리둥절하며 교탁 앞으로 나가자 선생님이 봉투를 보여 주었어요.

"선생님도 얘기 들었어요. 두 사람이 회사의 답장을 기다리고 있다는 걸요. 드디어 편지가 도착했어요."

"와!"

아이들이 함성을 질렀어요.

"누구한테 온 거예요?"

태규와 미오는 입술이 바짝 말랐어요. 선생님이 봉투 겉면을 보고 말했어요.

"태규가 휴지 회사에 편지를 보냈지?"

그 순간 태규가 활짝 웃었어요.

"네. 티슈 상자 입구에 붙은 비닐을 없애 달라고 했어요. 그 비닐 때문에 티슈 종이 상자를 재활용하지 못할 것 같아서요."

"관찰력이 대단한걸. 자, 답장을 확인해 보자."

미오는 교실 바닥만 쳐다보았어요. 봉투에서 편지를 꺼낸 태규가 교실이 떠나갈 듯 큰 목소리로 편지를 읽기 시작했어요.

모태규 어린이에게,

안녕하세요? 저는 잘뽀바 회사 홍보팀의 홍보만입니다.

모태규 어린이의 좋은 제안 잘 받았습니다.

잘 검토해 보겠습니다.

좋은 제안을 해 주신 답례로 휴지를 보내 드리겠습니다.

감사합니다.

태규는 의기양양한 얼굴로 노미오를 보았어요.

"어때, 내가 이겼지?"

미오는 대답하지 못했어요.

"선생님!"

그때 리애가 손을 번쩍 들고 말했어요.

"선생님, 휴지 회사에서 상자 입구의 비닐을 없애겠다고 한 거예요? 검토해 보겠다는 말이, 당장 그렇게 하겠다는 말은 아니죠?"

"그래. 시간을 두고 고민해 본 뒤에 결정하겠지."

"그럼, 태규가 이긴 게 아니네요."

"태규의 제안을 실천하겠다는 내용은 없으니까."

태규의 얼굴이 실망한 표정으로 바뀌었어요. 선생님이 봉투 또 하나를 꺼냈어요.

"미오 앞으로 온 거야."

이번에도 아이들의 눈은 봉투로 향했어요. 선생님은 미오에게 편지를 읽어 보라고 했어요.

안녕하세요?

대한민국 1등 삼열 식품 회사 마케팅팀 정다운입니다.

제안해 주신 내용을 여러 부서에서 검토하였습니다.

저희들은 고객들의 편의를 위해서 플라스틱 숟가락을 제공했던 것인데요. 그것이 환경을 오염시킨다고 생각하니 숟가락을 제공하지 않는 것이 올바른 일인 것 같았습니다. 저희들은 고객 편의와 환경 오염 사이에서 많은 고민을 했습니다. 그리고 마침내 결정을 내렸습니다. 그리고······.

편지를 읽는 미오의 얼굴이 환하게 밝아졌어요.

도와줘요, 쓰레기 박사!

입지 않는 옷을 어떻게 처리해야 할까요?

한 번도 입지 않고 버려지는 옷들도 아주 많아요.

옷장에 멀쩡하지만 일 년 내내 안 입은 옷이 한두 벌쯤은 있을 거예요. 안 입는 옷을 다시 수선하거나 리폼을 해서 입는 경우도 있지만 대부분 옷장에서 잠자고 있다가 쓰레기로 배출됩니다.

옷장에 잠자고 있는 입지 않는 옷은 어떻게 처리하는 게 좋을까요? 가장 좋은 방법은 다른 사람이 입을 수 있도록 하는 거죠. 중고 거래 앱을 이용하거나 중고 매장, 벼룩시장 등을 통해서 다른 사람에게 판매하는 방법도 있고요. 아름다운 가게나 굿윌스토어, 구세군 등 중고 매장을 운영하는 곳에 기부하는 방법도 있습니다. 다른 사람과 옷을 교환해서 입는 방법도 있고요. 다른 생활용품들도 다른 사람이 쓸 수 있도록 중고 시장을 먼저 알아보는 게 좋습니다.

차선으로 동네에 설치되어 있는 의류 수거함에 버리는 것도 방법인데요. 여기에 모인 의류 등은 한곳에 모아서 종류별로 선별한 후 동남아시아나 아프리카 등 지역으로 수출되고 있습니다. 그런데 이렇게 수출되는 옷 중에 현지에서 그대로 쓰레기로 버려지는 옷들이 절반이나 된다고 합니다. 쓰레기 반, 중고품 반으로 수출되고 있는 거죠. 그러니까 의류 수거함에 안 입는 옷을 버릴 때 더러운 옷, 찢어진 옷 등 입을 수 없는 것은 넣지 말아야 합니다.

종이 팩은 어떻게 다시 종이가 될까요?

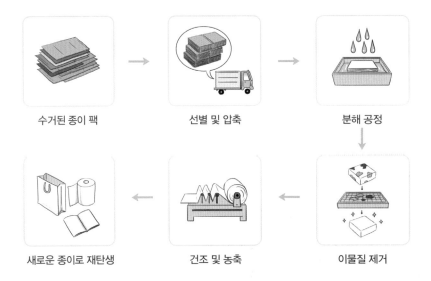

수거된 종이 팩 → 선별 및 압축 → 분해 공정

새로운 종이로 재탄생 ← 건조 및 농축 ← 이물질 제거

종이 팩은 음료를 담는 포장 용기이기 때문에 단순 종이가 아니라 양면에 비닐이 코팅되어 있습니다. 양면에 비닐이 코팅되어 있으면 종이 섬유가 물에 풀어지는 속도가 느려지기 때문에 그냥 종이와는 같이 재활용이 어렵지요. 따라서 종이 팩을 재활용을 하려면 종이 팩만 따로 모아서 코팅된 비닐을 벗겨내는 공정을 거쳐야 합니다. 폐지에 섞어서 버리면 재활용이 어렵습니다.

그런데 종이 팩도 두 종류가 있어요. 우유갑과 멸균 팩인데요. 멸균 팩은 두유나 주스, 생수 등을 담는 용기입니다. 기와집처럼 생긴 우유갑과는 달리 반듯한 직사각형 모양으로 되어 있죠. 멸균 팩은 양면에 비닐이 코팅되어 있을 뿐만 아니라 알루미늄이 포일이 한 겹 더 붙어 있어요. 알루미늄은 공기를 차단해서 공기 속 세균이 들어오는 것을 완벽하게 막아 주지요. 그래서 음료를 멸균한 다음 멸균 팩에 넣고 밀봉하면 냉장고에 보관하지 않아도 음료가 상하지 않습니다. 우유갑은 비닐 코팅만 했기 때문에 냉장고에 보관을 하지 않으면 상해 버리죠. 어쨌든 우유갑과 멸균 팩은 용기의 구조가 차이가 나기 때문에 같이 섞이면 재활용이 어렵습니다. 분리배출할 때 따로 배출하거나 선별장에서 따로 선별하는 과정을 거쳐야 합니다.

아파트 분리배출하는 곳에 종이 팩만 따로 배출하는 통이 있으면 그곳으로 분리배출하면 되는데요. 종이 팩 수거함이 없으면 주민지원센터로 종이 팩을 펼쳐서 씻은 후 가져가면 됩니다. 종이 팩을 가져가면 휴지로 교환해 주기 때문에 쏠쏠하죠.

페트병은 어떻게 재활용될까요?

우리가 페트병을 분리배출하면 선별장에서 페트병을 따로 선별해서 재활용 업체로 보냅니다. 재활용 업체에서는 페트병을 작은 조각으로 파쇄한 후 깨끗하게 물에 씻어요. 페트병 조각을 물에 씻을 때 페트병 조각은 물보다 무거운 물질이라서 물에 가라앉아요. 페트병 마개는 물보다 가벼운 물질이라서 물에 뜨고요. 그래서 페트병에 마개를 닫아서 배출하면 마개 조각은 물에 뜨고 페트병 조각은 물에 가라앉아서 따로 분리해서 재활용이 가능한 거죠. 반면 페트병 라벨은 물에 가라앉는 재질을 사용하는 경우가 많습니다. 그래서 라벨을 떼지 않으면 라벨 조각은 페트병 조각과 함께 가라앉아서 섞여 버리죠. 색깔이 있는 라벨이 투명한 페트병에 섞이면 페트병 재활용을 방해하므로 라벨은 분리배출할 때 반드시 떼야 합니다.

물에 씻은 페트병 조각을 플레이크라고 하는데요. 플레이크 상태로는 녹여서 짧은 섬유를 만들 수 있습니다. 짧은 섬유로는 옷을 만들기 어렵겠죠. 그래서 짧은 섬유로는 이불이나 인형, 소파 속에 넣는 재생 솜을 만들고 있습니다. 좀 더 재활용을 잘하기 위해서는 플레이크를 한 번 녹여서 작은 콩알 크기의 알갱이로 만드는 과정을 거쳐야 합니다. 작은 알갱이로 만든 것을 펠릿 혹은 칩이라고 하는데요. 재생 칩으로 페트병을 다시 만들기도 하고 긴 섬유를 뽑아서 옷이나 가방을 만들기도 합니다.

쓰레기 문제 해결을 위해 우리가 할 수 있는 일

쓰레기 문제를 해결하기 위해 우리가 할 수 있는 행동은 다양합니다. ⓒ고금숙

쓰레기를 만들지 않는 게 중요해요. 텀블러를 들고 다니면서 일회용컵 사용을 줄이고요. 불필요한 소비는 줄여야 합니다. 충동적으로 쓰지도 않는 물건을 사는 것은 경제적으로도 손해고 환경적으로 좋지 않죠. 물건을 사기 전에 내게 꼭 필요한 것인지에 대해 다시 한번 생각

하는 습관을 가지는 것이 중요합니다. 사용하지 않는 물건은 중고품으로 다른 사람에게 팔고, 필요한 물건은 중고품으로 사는 것도 이 시대에 꼭 필요한 습관입니다. 쓰레기를 버릴 때 재활용 쓰레기를 정확하게 분리해서 배출하는 것도 당연히 해야 하는 실천이고요. 내가 실천한다고 해서 세상이 바뀔까 의문을 가질 수 있지만 반대로 내가 실천하지 않으면 세상이 바뀌지 않는다는 것은 명확하겠죠. 개인의 실천은 환경 위기 시대에 지구 시민으로서 지켜야 할 당연한 윤리라고 생각해요.

그런데 개인의 실천만으로 문제가 해결되지는 않습니다. 개인의 문제를 넘어서는 구조의 문제가 있기 때문이죠. 물건을 만들 때 과대 포장을 많이 하거나 플라스틱 포장재를 많이 사용하면 시민 개인의 실천으로 쓰레기를 줄이기 어렵습니다. 재활용되지 않는 물건을 만들면 분리배출을 열심히 한다고 해서 재활용될 수 없겠죠. 그래서 시민 개인의 실천도 중요하지만 기업들이 물건을 만들고 판매할 때도 변화가 있어야 합니다. 기업들의 적극적인 변화를 이끌어 내려면 시민들이 적극적으로 문제를 지적하고 변화를 요구해야 합니다. 시민 행동이 필요한 거죠.

우리가 할 수 있는 행동은 다양합니다. 쓰레기를 모아서 매장으로 가져가는 '쓰레기 공격' 같은 적극적 행동도 있지만 메일을 보내거나 손 편지로 변화를 요구하는 부드러운 행동도 가능한데요. 기업들은 학생들에게 환경적으로 나쁜 기업으로 낙인찍히는 것을 두려워 하거든요. 2020년 11월에 전남 영광의 한 초등학교 학생들이 우유갑에서 뜯어낸 빨대 200개와 손 편지 29통을 택배로 우유 회사 본사로 보냈는데요. 그다음 해 이 회사는 빨대를 제거한 제품을 출시해 화제를 모았어요. 해외에서도 초등학생들이 장난감 회사에 장난감 비닐 포장재를 없애 달라는 편지를 보냈더니 그 회사에서 비닐 포장재를 종이 포장재로 대체한 사례도 있었습니다.

한 사람의 단 한 번의 문제 제기는 약할 수 있지만 끊임없이 문제를 제기하고 많은 사람들이 같은 목소리를 내면 변화가 일어날 수밖에 없습니다. 우리가 개인적으로 할 수 있는 실천을 하고 문제를 지적하는 목소리를 내는 것이 쓰레기 없는 세상으로 가는 길입니다.

5장

지행일치
공연

어느 금요일 오후, 리애가 미오의 어깨를 툭 치면서 지나갔어요. 미오가 보니 책상 위에 쪽지가 놓여 있었어요.

누나가 한턱 낼 테니 내일 오후 1시 고온역 1번 출구 앞으로 와!
점심은 먹지 말고.

다음 날 오후 1시에 미오는 고온역으로 갔어요. 1번 출구 앞에서 리애가 기다리고 있었어요.
"한턱 내겠다니, 갑자기 어쩐 일이냐?"
"지난번에 내가 얻어먹은 것도 있고, 또 이 누나가 보여 주고 싶은 것도 있고."

"뭔데?"

"나중에 알려 줄게. 일단 들어가자."

리애는 1번 출구 앞에 있는 편의점을 가리켰어요.

"애걔, 한턱 낸다더니 겨우 편의점이야?"

"용돈이 달랑달랑해서 그래."

리애와 미오는 간단히 컵라면과 소떡소떡을 먹었어요. 미오는 라면 맛이 달콤하게 느껴졌어요.

"공짜라서 그런지 너무 맛있다. 하하."

"그래? 그럼 쓰레기 네가 치워."

미오는 비닐 쓰레기와 일반 쓰레기를 분리해서 버렸어요.

"오, 이제 쓰레기 분리배출 잘하네."

"지난번에는 습관이 안 돼서 그랬던 거지. 원래 잘했다고."

"알았다 알았어. 가자!"

"어디 가는데?"

"잠자코 따라 와!"

미오는 어리둥절한 표정으로 미래를 따라갔어요.

지하철을 탄 리애와 미오는 홍대입구역에서 내렸어요.

9번 출구로 나가니까 거리에 사람이 북적거렸어요. 뒷골목 차 없는 거리에서 사람들은 삼삼오오 짝을 지어 걸어 다니기도 하고, 노래 공연을 구경하기도 했어요. 떼춤을 추는 사람들도 보였어요.

미오는 어디가 어딘지 몰라서 리애를 졸졸 쫓아갔어요. 리애는 조금도 망설이지 않고 사람들 사이를 헤치며 씩씩하게 걸어갔어요.

"리애야, 우리 어디 가는 거야? 우리 같은 초등학생이 이런 데 와도 돼?"

"왜 안 돼? 여기 분위기가 좋지 않아? 너무 설렌다!"

"너 여기 와 봤어?"

"당연하지! 공연 보러 몇 번 왔어."

"무슨 공연?"

"거의 다 왔어. 금방 알게 돼."

조금 뒤 리애가 말했어요.

"여기야. 지행일치."

그곳에는 20명쯤 되는 사람들이 모여 있었어요.

"지행일치?"

"내가 좋아하는 그룹이야. 오늘 여기서 공연하거든."

"아이돌도 아닌데, 어떻게 이런 그룹을 알아?"

"유튜브에서 '쓰레기 줄이기'를 검색했는데 이 그룹 공연이 나오더라. 공연 영상을 봤는데, 노래가 내 맘에 쏙 드는 거야. 그래서 직접 구경하러 왔었어."

"이 그룹이 왜 '쓰레기 줄이기'라는 검색어로 나온 거야?"

"금방 알게 돼."

"뭐야, 궁금해, 알려줘!"

"쉿! 시작한다."

두 사람이 기타를 메고 나와서 인사를 했어요.

"오늘도 이렇게 와 주셔서 감사합니다. 공연을 즐기시고, 환경 살리기를 함께해요. 함께하실 거죠?

"네!"

관객들은 익숙한 듯 힘차게 소리쳤어요.

"리애, 안녕? 오늘도 왔네. 고마워!"

"안녕하세요? 오늘도 파이팅, 오빠들!"

주먹을 높이 흔들며 반갑게 대답하는 리애를 본 미오는 약간 질투심이 일었어요.

"저 형들이 네 이름을 어떻게 알아?"

"내가 지행일치 팬클럽 1호 회원이거든. 지행일치는 얼마 전에 만들어져서 팬클럽 회원이 별로 없어."

지행일치가 노래를 시작했어요.

♬ ♪
오늘, 쓰레기를 줄이기 위해 무얼 했나요?

오늘, 사라지는 동물들을 위해 무얼 했나요?

오늘, 굶는 아이들을 위해 무얼 했나요?

오늘, 버려진 강아지, 고양이를 위해 무얼 했나요?

오늘, 물건을 아끼기 위해 무얼 했나요?

우린 할 수 있어요.

내일, 우리 함께 웃어요. ♬♪

리애는 노래를 처음부터 끝까지 따라서 불렀어요. 미오는 처음 듣는 노래였지만 노랫말의 뜻은 알 것 같았어요. 지행일치는 노래를 다섯 곡을 더 부르고 공연을 마쳤어요.

"이런 공연은 돈 안 내?"

"내지."

"어, 나 돈 없는데."

"괜찮아. 내가 내 줄게."

리애는 메고 있던 가방에서 헝겊 주머니를 꺼냈어요.

"그게 뭐야?"

"돈!"

헝겊 주머니 안에는 생수병 뚜껑, 음료수병 뚜껑, 치약 뚜껑 등 작은 플라스틱 조각들이 가득 들어 있었어요.

"이게 돈이라고?"

"여기서는 이게 돈이야."

리애는 플라스틱 조각들을 챙겨 지행합일 앞에 놓인 큰 통에 쏟아부 었어요.

"병뚜껑처럼 작은 플라스틱은 재활용이 안 되고 그냥 버려진대. 그래 서 이렇게 따로 모아서 플라스틱 방앗간에 가져가면 거기서 멋진 물건 으로 다시 태어난대."

"플라스틱 방앗간이라니? 플라스틱으로 떡을 만드는 곳이야?"

"아니, 작은 플라스틱들을 잘게 부수어서 치약 튜브 짜개처럼 쓸모 있 는 물건을 만드는 곳이지."

사람들이 모아 온 작은 플라스틱들로 큰 통이 가득 차자 지행일치가 다시 외쳤어요.

"감사합니다. 오늘도 돈이 가득 채워졌네요. 그럼 이제 다 같이 시작 해 볼까요?"

지행일치가 앞장서자 관객들이 그 뒤를 따랐어요.

"뭐 하는 거야?"

"이게 바로 쓰줄연이야."

"쓰줄연?"

"쓰레기를 줄이는 공연! 우리는 공연이 끝나면 같이 다니면서 버려진 쓰레기를 주워. 플라스틱 쓰레기도 줍지."

관객들은 플라스틱 병을 주웠어요. 리애는 거리에 놓인 쓰레기통 주변에 버려진 페트병도 주웠어요.

'더럽게 이런 것도 줍는다고?'

미오는 속으로 생각했지만 리애를 따라서 쓰레기통 주변의 페트병을 주웠어요.

미오의 얼굴을 슬쩍 본 리애가 미오의 마음을 읽었는지 이렇게 얘기해 주었어요.

"여러 가지 쓰레기가 뒤섞여서 버려져 있으니까 분리 수거를 못 하잖아. 그러면 태우거나 땅에 묻게 되니까 환경을 오염시키지. 주워서 분리배출하면 재활용할 수 있고."

"정말 멋지다! 리애, 좋은 공연 보게 해 줘서 고마워."

쓰줄연이 끝나고 집으로 돌아가는 길에 리애가 갑자기 물었어요.

"그런데 요즘 엄마들 이상하지 않니? 우리 엄마가 전혀 너희 엄마 얘기를 안 해."

"좀 이상해. 몇 주 전에 뜬금없이 우리 엄마가 너희 엄마 이상하다고 하더라."

미오는 엄마가 리애와 놀지 말라고 했다는 이야기는 하지 않았어요.

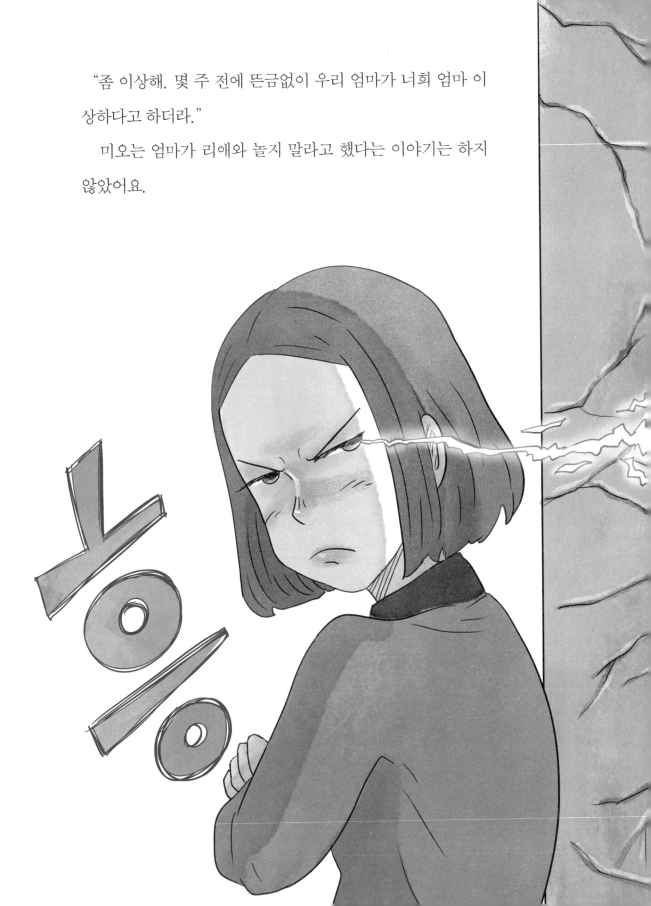

"무슨 일이 있긴 한 것 같아."

"그러게. 두 분이 싸우기라도 했나?"

"설마, 어른들이 싸웠다고 그러겠어?"

도와줘요, 쓰레기 박사!

플라스틱 방앗간이 뭐예요?

'프레셔스 플라스틱'은 버려지는 플라스틱을 가치 있는 물건으로 만들어내는 캠페인이에요.

플라스틱 방앗간은 서울환경운동연합에서 2020년 6월부터 시작한 플라스틱 업사이클링 프로젝트를 말해요. 전 세계적으로 진행되고 있는 '프레셔스 플라스틱 (Precious plastic)' 캠페인의 한국형 모델입니다. 그래서 플라스틱 방앗간은 다른 말로 '프레셔스 플라스틱 인 서울'인데요. 지금은 부산에서도 하고 있습니다.

프레셔스 플라스틱 캠페인은 2013년부터 네덜란드 출신의 디자이너 데이브 하켄스가 시작한 플라스틱을 소중하게(Precious) 잘 활용하자는 캠페인인데요. 플라스틱 쓰레기가 배출된 지역에서 주민들 주도로 소규모로 플라스틱을 가치 있게 재활용하자는 운동입니다. 플라스틱이 쓰레기로 배출된 지역에서 배출한 사람들이 깨끗한 플라스틱을 재질별로 잘 모아서 재활용하는 것이 플라스틱을 훨씬 가치 있게 재활용할 수 있다는 접근이죠. 직접 재활용을 해보면 플라스틱이 재활용될 수 있는 물질이라는 것을 확실하게 느낄 수도 있겠죠. 소규모로 주민들이 직접 재활용 기계를 만들어서 재활용을 해야 하니까 재활용 기계 제작 및 재활용하는 방법을 주민들이 알아야겠죠. 그래서 프레셔스 플라스틱 캠페인에서는 소규모 재활용 기계 제작 방법과 재활용 방법에 대한 지식을 공유하는 것도 매우 중요합니다.

플라스틱 방앗간은 프레셔스 플라스틱 캠페인을 한국에서도 진행하기 위해서 서울환경운동연합에서 시작했어요. 페트병 마개를 모아서 치약 짜개를 만드는 사업으로 출발했습니다. 페트병 마개는 부피가 작아서 마개만 따로 분리배출하면 선별이 어려워 재활용이 어렵죠. 페트병에 마개를 닫아서 배출하면 재활용 공장에서 분리해서 재활용할 수는 있는데, 깨끗한 마개만 따로 모아서 재활용하는 것보다는 재활용 가치가 떨어지겠죠. 이런 문제의식을 가지고 페트병 마개를 모으는 캠페인을 진행했는데요. 페트병 마개뿐만 아니라 부피가 작은 모든 플라스틱이 캠페인 대상이 될 있어요. 치약에도 그리고 주스나 아이스크림 비닐에도 플라스틱 마개가 붙어 있죠. 이런 마개들만 모아도 재활용을 더 잘할 수 있을 겁니다.

플라스틱 방앗간에 작은 플라스틱을 모아 주는 사람을 '참새'라고 부릅니다. 참새들이 작은 플라스틱을 물어다가 방앗간에 가져다주면 플라스틱을 빻아서 재활용 제품을 만드는 거죠. 플라스틱 방앗간은 시민들이 참여해서 플라스틱을 가치 있게 재활용할 수 있는 좋은 캠페인인데요. 다만 조심할 게 있어요. 재활용이 되니까 마음껏 사용해도 된다는 생각에 빠져드는 거죠. 재활용 이전에 줄이는 게 먼저입니다. 페트병 마개를 많이 모았다고 뿌듯해할 게 아니라 페트병 소비를 그만큼 많이 했다는 고민을 먼저 해야죠.

줍깅이 뭔지 궁금해요!

마을의 거리를 달리면서 쓰레기를 주워요.

줍깅은 달리면서 쓰레기를 줍는 캠페인을 말해요. '줍다'와 '조깅'을 합쳐서 만든 단어죠. 쓰레기 줍기와 조깅을 합쳐 만든 해외에서 유행한 단어로 '플로깅'이 있는데요. 플로깅은 '줍다'라는 뜻의 스웨덴어 '플로카 우프(Plocka upp)'와 '조깅(Jogging)'을 합친 단어입니다. 스웨덴에서 2016년 처음으로 시작된 캠페인인데요. 우리나라에 플로깅 캠페인이 줍깅이라는 캠페인으로 도입된 겁니다.

줍깅과 유사한 캠페인이 있어요. 해변에서 빗질을 하듯 쓰레기를 모으자는 의미의 '비치 코밍(Beach combing)' 캠페인이나 등산을 하면서 쓰레기도 줍는 '클린 하이킹(Clean hiking)'이 있습니다.

해변이나 강가, 산 등에 버려진 쓰레기를 줍는 야외 활동은 운동도 되면서 환경도 보호하는 일석이조의 장점이 있습니다. 환경 오염의 현장을 직접 피부로 느끼고 오염 문제 해결에 직접 기여한다는 뿌듯함도 느낄 수 있습니다.

일상의 환경 보호 실천 활동으로 친구들과 함께 쓰레기 줍기를 경험해 보기를 추천합니다. 좀 더 적극적으로 환동한다면 단순하게 줍는 것을 넘어서 우리 동네 쓰레기 투기 지도를 만들어서 지자체에 해결을 요구하는 활동도 할 수 있습니다.

그런데 줍깅을 하되 조심해야 할 게 있어요. 버려진 쓰레기 줍기는 쓰레기 문제가 해결되는 것은 아닙니다. 버려지는 것을 줍는 것 이전에 투기가 되지 않도록 하는 것이 우선이고요. 투기가 되기 전에 재사용과 재활용 하는 것이 중요해요. 하지만 무엇보다 쓰레기가 처음부터 나오지 않도록 불필요한 소비를 줄이는 것이 더 좋습니다. 쓰레기를 줍는 것은 쓰레기를 줄이는 실천까지 고민하는 시작이 되어야 합니다.

바다에서 쓰레기를 건져 올리는 사람들

어민들이 그물 등을 바다에 버리거나 육지에서 투기된 쓰레기가 바다로 흘러들어 가면 바다 쓰레기가 되는데요. 바다 쓰레기의 대부분은 플라스틱입니다. 플라스틱 쓰레기는 해양 생물들이 그물 등에 걸려서 목이 졸려서 죽거나 먹이로 착각해서 삼키면서 죽게 되죠. 바닷새 90퍼센트, 바다거북 52퍼센트, 고래와 돌고래의 50퍼센트는 플라스틱을 먹고 있다고 합니다. 세계자연기금(WWF)의 보고서에 따르면 해양 생물의 88퍼센트가 플라스틱 쓰레기로 나쁜 영향을 받고 있다고 해요. 플라스틱 쓰레기가 바다를 계속 떠돌면 계속 쪼개지면서 미세 플라스틱이 되어서 해양 생태계에 나쁜 영향을 미칠 뿐만 아니라 먹이 사슬을 통해서 사람 몸속으로도 들어오게 됩니다. 미국의 한 연구소 분석에 따르면 전 세계 바다에 떠다니는 미세 플라스틱 입자가 171조 개, 230만 톤에 달한다고 합니다. 미세 플라스틱 입자

쓰레기가 바다로 흘러들어 가는 것을 막아야 해요.

는 2005년 16조 개에서 2019년 171조 개로 15년 만에 10배로 증가했다고 합니다.

바다로 쓰레기가 버려지지 않도록 하는 것이 중요하지만 바다로 들어간 쓰레기를 빨리 건져내는 일도 필요합니다. 우리나라는 정부와 지자체가 환경 정화선을 운영하면서 바다 위를 떠돌거나 바다에 가라앉은 쓰레기를 수거하고 있습니다. 바다에서 고기를 잡는 게 아니라 쓰레기를 잡는 분들이 오늘도 '쓰레기 만선'을 위해서 바다 위에서 힘든 싸움을 하고 있습니다. 해양수산부에 따르면 2021년에 1년간 12만 톤의 쓰레기를 바다와 해변에서 수거했다고 합니다.

시민들이 자발적으로도 쓰레기를 수거하는데요. 다이빙을 하시는 분들이 바닷속으로 들어가서 쓰레기를 건져 올리고 있어요. 쓰레기를 건지는 다이빙을 그린 다이빙이라고 하고요. 건지는 사람은 그린 다이버라고 해요. 2020년에 만들어진 환경 단체 '레디'는 그린 다이빙을 전문으로 하는 사람들이 만들었어요. 쓰레기로 엉망이 된 바닷속 실상을 너무 잘 알기 때문에 행동에 나설 수밖에 없었겠죠. 쓰레기가 없는, 우리가 바라던 바다가 빨리 오면 좋겠어요.

6장

쓰레기 소각장, 어떻게 할 것인가

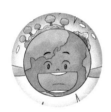

딩동.

7층에서 리애 엄마가 탔어요. 엘리베이터에 타고 있던 미오 엄마는 천장을 쳐다보았어요. 엘리베이터 안에 어색한 침묵이 흘렀어요.

"저······."

리애 엄마가 무언가 얘기하려다가 그만두었어요. 미오 엄마도 망설이다가 입을 뗐어요.

"리애 어머니, 혹시······?"

리애 엄마의 눈이 커졌어요.

"미오 어머니도 혹시······?"

리애 엄마가 물었어요.

114

"혹시 그 소문 들으셨어요? 우리 동네 부근에 쓰레기 소각장이 들어온다면서요?"

두 사람이 동시에 묻고 대답했어요.

"사실인가 보네요. 큰일이에요. 어떡하죠?"

"제가 좀 더 알아볼게요. 자세한 건 나중에 얘기해요."

미오 엄마는 구청과 시청에 문의해서 쓰레기 소각장 위치 선정에 대한 주민 설명회가 며칠 뒤 열린다는 사실을 알아냈어요.

"주민들에게 제대로 알리지도 않고 설명회를 연다니. 정말 이상해요."

주민 설명회가 열리는 날, 리애 엄마와 미오 엄마는 설명회장으로 갔어요. 참석한 주민들은 많지 않았어요. 참석한 주민들은 몹시 화가 난 듯했어요.

"설명회를 주민들에게 제대로 알리지도 않고 얼렁뚱땅 넘기려고 한 거 아닙니까?"

"우리가 사는 곳에 쓰레기 소각장은 절대로 못 들어옵니다!"

"우리는 깨끗한 환경에서 살고 싶습니다!"

"우리 아이들의 건강은 누가 책임질 겁니까?"

"우리나라 헌법에 행복을 추구할 권리가 있어요!"

주민들은 거칠게 항의했어요. 그러자 설명회를 준비한 시청 측은 주민들에게 사과하고 다음에 설명회를 하기로 약속했어요. 그리고 설명회 자료를 나누어 주었어요. 그 자리에 참석한 주민들은 주민 토론회를 열어서 여러 사람의 뜻을 모으기로 했어요.

쓰레기 소각장 예비 부지로 선정되었다는 것을 알게 된 주민들은 많은 관심을 보였어요. 미오 엄마는 토론회가 순조롭게 진행되리라 생각했어요. 우리 동네에 쓰레기 소각장이 들어오는 것을 좋아하는 사람은 아무도 없을 테니까요.

토론회가 열린 날, 토론회 장소인 아파트 경로당은 주민들로 가득 찼어요. 동장인 미오 엄마가 사회를 보았어요. '쓰레기 소각장이 들어오는 걸 누가 찬성하겠어.' 미오 엄마는 자신이 있었어요.

"쉬는 날 이렇게 많이 참석해 주셔서 감사합니다."

여러 사람 앞에 선 미오 엄마의 목소리가 떨렸어요. 주민들이 격려의 박수를 보냈어요. 미오 엄마는 다시 용기를 냈어요.

"많이 아시겠지만 우리 동네 가까운 곳에 쓰레기 소각장이 들어설 예정입니다. 이에 반대하는 우리의 뜻을 모아서 시청에 전달하려고 합니다. 다들 동의하시겠지요?"

"네. 동의합니다!"

여기저기서 동의한다는 소리가 나왔어요.

"소각장 반대에 동의하시면 서명해 주세요. 힘을 모아 주세요."

미오 엄마는 쉽게 주민들의 뜻을 모을 수 있겠다고 생각했어요.

한 사람이 자리에서 일어나서 말했어요.

"소각장이 들어오면 아파트값이 떨어질 거예요. 동네 미관도 해칠 테고요."

여기저기서 사람들이 동의의 뜻을 표현했어요.

"맞아요. 사람들이 더럽고 위험한 동네라고 손가락질할지도 몰라요."

"쓰레기를 실은 트럭들이 드나드니까 악취도 풍길 거고요."

그때 미오 엄마 바로 앞에서 한 중년 남자가 손을 들고 일어나서 말했어요.

"동장님, 전 동의하지 않습니다."

뜻밖의 발언에 미오 엄마는 깜짝 놀랐어요.

"으흠."

남자는 목청을 가다듬고 점잖은 목소리로 얘기를 시작했어요.

"쓰레기 소각장이 문제만 있는 건 아닙니다. 쓰레기를 태울 때 나오는 열로 집을 따뜻하게 만들 수도 있으니까요. 요즘에는 기술이 발달해서 쓰레기 소각장은 안전하고 악취도 없다잖아요. 더군다나 주민을 위해 도서관이나 축구장, 전망대, 놀이시설, 스카이워크 같은 시설도 지어 준다니까 좋은 것 아니겠습니까?"

미오 엄마는 적잖이 당황했어요. 찬성하는 의견은 전혀 예상하지 못했거든요. 하지만 미오 엄마는 사회자라서 자기 생각을 강하게 얘기하지 않았어요.

미오 엄마의 마음을 알아챘는지 리애 엄마가 일어나서 말했어요.

"제가 알기로는 안전 문제가 확실하지 않아요."

그 남자도 물러서지 않고 말했어요.

"쓰레기 소각장이 여러 군데 있잖아요. 그런데 안전 문제가 발생했다는 뉴스를 본 적이 있나요?"

미오 엄마도 그런 뉴스를 본 적이 없는 것 같았어요. 사람들이 웅성웅성 동요하는 것 같았어요.

"저도 못 봤어요."

"저도요."

"그럼, 안전한 거 아닌가요?"

미오 엄마가 예상하지 못한 반응들이 나왔어요.

"그렇게 안전하다면 저도 반대하지 않을 거예요."

"아니에요. 쓰레기 소각장은 완전히 안전한 게 아니에요. 유해 물질이 안 나온다고 확신할 때까지는 반대합니다."

어느새 주민들이 찬성파와 반대파로 갈렸고, 사람들의 의견은 좁혀지지 않고 평행선을 달렸어요. 급기야 서로를 이기주의자라고 비난했어요.

"우리 아파트만 생각하는 이기주의자군요. 곧 쓰레기를 매립할 데가 없어서 소각장을 세워야 한다잖아요!"

"편의 시설을 이용하려고 쓰레기 소각장을 찬성하는 당신이야말로 이기주의자 아니에요?"

미오 엄마는 그런 모습을 보면서, 하수 처리장 건설에 반대하는 사람들을 이기주의자라고 비난했던 자신을 반성했어요. 그리고 주민들 간에 갈등만 더 커질 것 같아서 토론회를 끝냈어요.

"여러분, 토론회를 더 이상 진행하기는 어려울 것 같습니다. 같은 의견만 반복해서 나오고 있으니까요. 쓰레기 소각장에 대해 더 잘 알아보고 준비를 철저히 해서 다시 토론회를 여는 것이 좋겠습니다. 쉬는 날 어렵게 모이셨는데, 좋은 결과를 못 내서 미안합니다."

무거운 마음으로 집으로 온 미오 엄마는 기분 전환을 위해 텔레비전을 켰어요.

"응? 이건 무슨 방송이지?"

텔레비전에서는 특집 방송을 하고 있었어요. 제목은 "매립할 수 없는 쓰레기, 쓰레기 대란 어떻게 피할까? 쓰레기 소각장이 해답인가?"였어요. 그리고 안경을 낀 남자가 나와서 말하고 있었어요.

"요즘 전국 곳곳에서 쓰레기 소각장 건설 문제로 주민들 사이에, 그리고 주민들과 지방 자치 단체 사이에 갈등이 깊어지고 있습니다. 긴급 진단을 해 봅니다."

"어! 저 사람 본 적이 있는데, 어디서 봤지? 아, 맞다. 동장 교육에 왔던 그 강사! 이름이 뭐였더라?"

마침 화면 아래에 이름이 나왔어요.

"그래, 홍수열이었어! 화면으로 보니까 훨씬 더 잘생겼네. 호호호."

미오 엄마는 아는 얼굴이라 그런지 더욱 관심이 커졌어요.

"먼저 쓰레기 소각장이 왜 문제가 되는지 얘기해 보겠습니다."

미오 엄마는 눈을 크게 뜨고 봤어요.

"쓰레기 소각은 쓰레기를 태워서 매립하는 방법입니다. 그래서 쓰레기 양이 원래의 15퍼센트 수준으로 줄고, 매립 가스 발생량도 줄어드는 장점이 있습니다."

'쓰레기 소각에 저런 장점이 있구나.'

미오 엄마는 고개를 끄덕였어요.

"그런데 쓰레기 소각장 짓는 것을 대부분의 주민이 반대합니다. 소각장 굴뚝에서 유해 물질이 나와서 오염시키는 것을 걱정하기 때문이죠. 다른 지역에서 발생한 쓰레기를 우리 지역에서 처리한다는 것에 대한 거부감도 있고요,"

'그래, 왜 다른 동네 쓰레기를 여기 가져와서 태운담. 자기 동네에서 태우면 되잖아.'

"우리나라는 쓰레기를 매립할 땅도 부족합니다. 쓰레기를 묻을 땅을 못 구하면 쓰레기 대란이 일어날 수밖에 없어요."

'매립할 땅이 부족하니까 소각장이 필요하긴 하겠구나. 그래도 우리 동네 주변에는 안 돼.'

"쓰레기를 태우면서 나오는 오염 물질은 어떨까요? 지금 운영하고 있는 소각장은 오염 방지 시설을 갖추고 있습니다. 그래서 오염 물질은 대부분 걸러집니다. 많이들 걱정하는 다이옥신도 20년 전과 비교하더라도 수천 배 이상 낮아졌어요. 그만큼 소각장 운영 기술과 오염 방지 기술이 발전하고 있기 때문이죠. 지자체가 운영하는 최신 소각장이 주변을 우리가 걱정하는 만큼 오염시킬 가능성은 낮습니다."

'그래? 아까 그 아저씨 얘기가 맞다는 건가?'

"그렇지만 소각장에서 오염 물질이 전혀 나오지 않는 것은 아니기 때문에 소각장이 있는 것보다는 없는 것이 환경적으로는 더 나을 거고요."

'그것 봐. 없는 게 낫다잖아.'

미오 엄마는 점점 생각이 많아졌어요.

"소각장은 필요하기는 하지만 없는 게 더 좋은 시설이에요. 그렇지만 쓰레기를 줄이고 재활용을 하는 것이 쓰레기를 태우는 것보다는 훨씬 더 좋은 방법이죠."

'그럼 어떡하란 말이야? 소각장에 찬성해야 하나?'

"하지만 편하게 쓰레기를 태워서 없애 버리자고 안주하면 안 됩니다. 쓰레기를 최소화하려는 노력이 최우선입니다. 그런 노력이 우선되지 않으면 쓰레기 처리 문제는 해결되지 않을 겁니다. 결국 쓰레기 소각장만 점점 늘어나겠죠."

'그럼 주민들을 위한 시설을 지어 준다는 건?'

홍 박사는 마치 미오 엄마의 마음을 꿰뚫어 보는 것처럼 이야기를 했어요.

"주민들을 위한 편의 시설은 무척 좋은 일이지만, 앞서 말했듯이 더욱 중요한 것은 유해 물질이 나오지 않는 시설을 갖추고 운영하는 일입니다."

그때 리애와 함께 열심히 쓰줄연 활동을 하고 온 미오가 현관에 들어서면서 텔레비전을 보고 깜짝 놀랐어요.

"앗, 사부님!"

"사부님이라니, 저 사람이 너희 학교 선생님이셔?"

"아니에요. 착각했어요."

미오 엄마는 다시 텔레비전에 집중했어요. 미오는 사부님이 텔레비전에 나온 것이 너무 신기했어요. 그래서 엄마 옆에 앉아서 사부님의 이야기를 들었어요.

"소각장으로 들어가는 쓰레기를 줄이는 방법으로 전처리 시설이 있습니다. 소각장으로 쓰레기를 보내기 전에 다시 한번 종량제 봉투를 파쇄해서 재활용 쓰레기를 걸러 낸다고 해서 전처리라고 합니다. 종량제 봉투로 버려진 쓰레기 중에서 재활용이 가능한 것을 다시 걸러 주면 쓰레기를 반으로 줄일 수 있다고 합니다."

미오 엄마는 쓰레기 소각장이 혐오 시설이고 위험하다는 것 정도만 알았지. 자세히 몰랐다는 것을 깨달았어요.

그 뒤로도 홍 박사는 쓰레기 문제에 대해 한참 설명했어요. 그리고 "쓰레기 문제를 해결하는 데 가장 중요한 것은……." 하고 말을 하는 순간 졸면서 텔레비전을 보던 미오가 까무룩 잠이 들고 말았어요. 조금 뒤 김치찌개 냄새에 미오가 화들짝 깨어났어요. 사부님의 방송은 이미 끝이 났어요.

"엄마, 아까 쓰레기 문제를 해결하는 데 가장 중요한 것이 뭐라고 했어요?"

"엄마는 쓰레기 소각장 문제까지만 봤어."

미오는 안경을 톡톡 칠까 하다가 직접 물어보기로 했어요.

다음 날 방과 후에 미오는 연구소로 달려갔어요. 홍 박사는 반갑게 미오를 맞이해 주었어요.

"나의 진정한 제자 미오, 오랜만에 왔구나."

쓰레기
줍기

분리배출
하기

다시 쓰고

나눠쓰기

"사부님, 어제 텔레비전에 아주 멋지게 나왔어요. 마치 아이돌 같았어요."

"너도 보았니? 내가 좀 잘생기긴 했지. 후후후."

홍 박사는 기분이 좋아서 눈이 반달 모양이 되었어요.

"그런데요. 쓰레기 문제를 해결하는 데 가장 중요한 게 뭐예요? 제가 그때 깜빡 잠이 들었지 뭐예요. 혹시 사부님처럼 쓰레기 문제에 대해 많이 아는 거가요? 쓰레기 박사가 되는 것이요."

홍 박사는 질문을 하려고 찾아온 제자가 대견했어요.

"지행합일."

"사부님도 지행합일 팬클럽 회원이세요? 저도 팬클럽 회원인데요."

"아냐. 내가 아는 지행합일은 아는 것과 실천하는 것이 일치해야 한다는 거야. 아는 것을 실천하지 않는 사람이 너무 많아. 아는 게 많아도 실천하지 않으면 아무것도 바뀌지 않아. 쓰레기를 만들지 않고, 덜 버리고, 버려진 쓰레기는 줍고, 물건을 재활용하고, 쓰지 않는 물건을 이웃과 나누고, 이런 실천들이 늘어날수록 쓰레기는 줄어들 거야. 우리 지구는 점점 되살아나겠지?"

도와줘요, 쓰레기 박사!

쓰레기 소각장은 왜 문제가 되나요?

쓰레기 소각장에서 발생하는 유해 물질도 심각한 문제예요.

쓰레기 소각장은 쓰레기를 태워서 소각재를 매립하는 쓰레기 처리 방법입니다. 매립하는 쓰레기의 양이 원래의 15퍼센트 수준으로 줄어들고, 매립 가스 발생량도 줄어드는 장점이 있습니다. 매립 문제를 해결하는 현실적인 대안으로 소각을 드는 이유이기도 합니다.

그런데 소각장 짓는 것을 대부분의 주민들이 반대합니다. 소각장 굴뚝에서 유해 물질이 먼지나 가스 형태로 나와서 주변 지역을 오염시키는 것을 걱정하기 때문입니다. 다른 지역에서 발생한 쓰레기를 우리 지역에서 처리한다는 것에 대한 거부감도 있죠.

사실 매립보다는 소각이 나은 점도 많습니다. 매립은 땅을 소비하는 쓰레기 처리 방법이기 때문에 땅이 부족한 우리나라에서는 매우 불안정한 쓰레기 처리 방법이기 때문입니다. 쓰레기를 묻을 땅을 구하지 못하면 쓰레기가 곳곳에 쌓이는 쓰레기 대란이 일어날 수밖에 없죠.

쓰레기를 태우면서 나오는 오염 물질은 걱정하지 않아도 될까요? 지금 운영하고 있는 소각장은 오염 방지 시설을 갖추고 있습니다. 쓰레기가 타면서 나오는 오염 물질은 오염 방지 시설을 거치면서 대부분 걸러집니다. 다이옥신 배출을 우려하는데요. 소각장에서 굴뚝 밖으로 배출되는 다이옥신의 양은 20년 전과 비교하더라도 수천 배 이상 낮아졌어요. 그만큼 소각장 운영 기술과 오염 방지 기술이 발전하고 있기 때문이죠. 지자체가 운영하는 최신 소각장은 주변을 우리가 걱정하는 만큼 오염시킬 가능성은 낮습니다.

소각장 위험성에 대해서 공포감에 잠식당할 필요는 없습니다. 그렇지만 소각장에서 오염 물질 배출이 전혀 나오지 않는 것은 아니기 때문에 상대적으로 소각장이 있는 것보다는 없는 것이 환경적으로는 더 나을 거고요. 발전소나 공장 등 오염 물질 배출 시설이 많은 지역은 오염 물질 배출 총량이 많아지기 때문에 피하는 게 맞겠죠.

소각장은 필요하기는 하지만 없는 게 더 좋은 시설이죠. 쓰레기를 처리하지 못해 쓰레기가 투기되거나 동네에 쓰레기 산이 생기는 것보다는 소각장을 설치해서 태우는 게 나을 수 있습니다. 그렇지만 쓰레기를 줄이고 재활용을 하는 것이 쓰레기를 태우는 것보다는 훨씬 더 좋은 방법이죠.

소각장이 제로 웨이스트로 가는 우리의 의지를 꺾어 버리는 수단이 되면 안 됩니다. 편하게 쓰레기를 태워서 없애 버리자고 안주하면 안 된다는 거죠. 소각장을 불가피하게 지을 수밖에 없다면 함께 쓰레기 문제를 풀어 가려는 노력이 필요합니다. 내 쓰레기를 편하게 다른 동네로 떠넘기는 것이 아니에요. 내 쓰레기는 내가 최선을 다해 책임을 져야 소각장이 들어서는 동네 주민들이 다른 지역을 위해서 희생당한다는 불만이 조금이라도 풀릴 겁니다. 그래서 소각장이 들어서지 않는 동네에서는 주민들이 더 많은 불편을 감수하고서라도 쓰레기를 줄이고 재활용을 많이 하려는 모습을 보여 줘야 합니다.

소각장을 멋지게 지으면 문제가 해결될까요?

멋진 소각장으로 자주 소개되는 유럽의 유명한 소각장이 있는데요. 덴마크 코펜하겐에 있는 아마게르 바케 소각장은 옥상에 스키장을 만들어 시민들이 도심에서 스키를 탈 수 있도록 했습니다. 도시에 스키를 탈 수 있는 산이 만들어졌다고 해서 '코펜힐'이라는 애칭으로 시민들의 사랑을 받고 있습니다.

덴마크 아마게르 바케 소각장은 도심 속 스키장으로 사랑받아요.

오스트리아 빈의 슈피텔라우 소각장도 유명합니다. 오스트리아의 가우디라 불리는 유명한 건축가 훈데르트 바서가 설계했는데요. 알록달록한 예쁜 외관으로 너무 유명해서 해마다 60만 명의 관광객이 찾는 관광지가 되었죠.

우리나라에도 경기도 하남시의 유니온 타워 파크가 유명합니다. 소각장이 지하에 있고, 지상에는 어린이 물놀이 시설과 공원이 있죠. 소각장 굴뚝만이 예쁘게 지상으로 솟아 있는데요. 여기에 소각장이 있는 것을 느낄 수가 없죠. 소각장을 지하에 짓는 대신 지상에는 시민들이 이용할 수 있는 다양한 편의 시설을 설치해서 저렴한 비용으로 이용할 수 있도록 한다면 소각장에 대한 불만을 누그러뜨릴 뿐만 아니라 오히려 시민들의 복지가 증가하는 효과도 있을 겁니다.

소각장에 대한 시민들의 고정 관념을 바꾸기 위한 투자와 노력도 필요합니다. 그렇다고 겉만 번지르르하고 내용은 형편없으면 안 되겠죠. 오염 물질 배출을 최소화할 수 있도록 운영도 잘해야 하고요. 오염 물질 배출 정보를 시민들이 실시간 확인할 수 있도록 해야 합니다. 그리고 다시 한번 강조하지만 멋진 소각장을 짓기 이전에 소각장을 안 지어도 되는 제로 웨이스트 사회를 만들기 위한 끊임없는 노력이 필요합니다.

전처리 시설을 지으면 소각장을 안 지어도 될까요?

전처리 시설은 종량제 봉투를 파쇄해서 선별하는 시설을 말합니다. 소각장이나 매립장으로 쓰레기를 보내기 전에 다시 한번 쓰레기를 걸러 낸다고 해서 전처리라는 이름이 붙어 있는데요. 좀 더 정확한 용어는 종량제 봉투 혼합 쓰레기 선별 시설입니다.

재활용이 가능한 쓰레기를 모두 분리배출해서 재활용하는 것이 가장 좋지만 실제로는 어렵습니다. 분리배출에 소홀한 사람도 있고, 길거리나 공원, 사무실, 쇼핑몰 등 가정이 아닌 곳에서는 집에서 버리는 것보다 분리배출이 어렵습니다. 따라서 종량제 봉투로 버려진 쓰레기 중에서 재활용이 가능한 것을 다시 한번 걸러 준다면 재활용률이 높아질 수 있을 겁니다. 다만 여러 쓰레기로 뒤죽박죽 섞인 상태에서 걸러 내는 만큼 분리배출된 쓰레기보다는 더럽고 상태가 좋지 않을 겁니다.

종량제 봉투 전처리를 하면 무게 기준으로 최대 절반은 다시 재활용이 가능하다고 합니다. 즉 소각장으로 가는 쓰레기를 절반으로 줄이고 그만큼 재활용되는 양은 늘릴 수 있죠. 안타깝게도 전처리 과정을 거치면 소각되는 쓰레기 양을 줄일 수 있지만 모두 없앨 수는 없습니다. 그렇지만 재활용 양이 증가하는 효과는 확실한 만큼 소각장을 무작정 늘리기보다는 전처리 시설로 쓰레기를 한번 걸러 줄 필요가 있습니다.